T0274335

ASTROLOGÍA MILLENNIAL

ASTROLOGÍA MILLENNIAL

ENCONTRANDO TU HISTORIA EN LAS ESTRELLAS

El papel utilizado para la impresión de este libro ha sido fabricado a partir de madera procedente de bosques y plantaciones gestionadas con los más altos estándares ambientales, garantizando una explotación de los recursos sostenible con el medio ambiente y beneficiosa para las personas.

Encontrando tu historia en las estrellas
Astrología Millennial

Primera edición: febrero, 2023

D. R. © 2022, Esteban Madrigal Allande

D. R. © 2023, derechos de edición mundiales en lengua castellana:
Penguin Random House Grupo Editorial, S. A. de C. V.
Blvd. Miguel de Cervantes Saavedra núm. 301, 1er piso,
colonia Granada, alcaldía Miguel Hidalgo, C. P. 11520,
Ciudad de México

penguinlibros.com

D. R. © 2022, Amarel Castillo García, por las ilustraciones de portada e interiores
D. R. © 2022, Chisko Romo, por el *lettering*
El autor agradece a Javier Alonso Gómez Dávila por la revisión del texto e ilustraciones

Penguin Random House Grupo Editorial apoya la protección del *copyright*.
El *copyright* estimula la creatividad, defiende la diversidad en el ámbito de las ideas y el conocimiento, promueve la libre expresión y favorece una cultura viva. Gracias por comprar una edición autorizada de este libro y por respetar las leyes del Derecho de Autor y *copyright*. Al hacerlo está respaldando a los autores y permitiendo que PRHGE continúe publicando libros para todos los lectores.

Queda prohibido bajo las sanciones establecidas por las leyes escanear, reproducir total o parcialmente esta obra por cualquier medio o procedimiento así como la distribución de ejemplares mediante alquiler o préstamo público sin previa autorización.
Si necesita fotocopiar o escanear algún fragmento de esta obra diríjase a CemPro (Centro Mexicano de Protección y Fomento de los Derechos de Autor, https://cempro.com.mx).

ISBN: 978-607-382-653-2

Impreso en México – *Printed in Mexico*

ÍNDICE

INTRODUCCIÓN

¡Hola! Antes de comenzar, quiero platicarte un poco sobre mí. Mi nombre es Esteban Madrigal Allande (sí, como Allende pero con "A"), y quiero contarte que yo también estuve como tú, amix, en este coqueteo con la astrología desde que escuché sobre ella. Típico, primero empecé a leer mi horóscopo como juego para ver qué decía y de repente absolutamente todas las palabras me empezaron a hacer mucho *click*, poco a poco me fue enganchando cada vez más.

Lo que empezó como algo casual, pronto se convirtió en algo más constante por querer saber más sobre qué significaba ser Aries (mi signo solar). Cada que veía al carnero en internet, libros, revistas y donde fuera me emocionaba por leer qué significaba haber nacido con ese signo. Verme reflejado en cada una de las descripciones era no sólo impresionante, sino ¡mágico! De alguna manera, esos textos que describían cómo era el signo, hablaban no sólo de mí, sino que me hablaban

me decían cosas que en ese momento no era, pero que quería llegar a ser…

Entonces, la astrología empezó a volverse más y más consciente en mi vida y una interrogante constante; un día, como si el universo mismo se hubiera alineado, se me presentó la oportunidad de estudiarla formalmente con una astróloga de la ciudad donde vivía. A lo cual mi primera respuesta fue sencilla: "No".

Porque no tenía dinero, porque no tenía tiempo, porque eso qué me iba a aportar, en fin…pero hoy me doy cuenta de que era realmente porque no tenía idea de qué tanto la astrología podía cambiarme la vida. Antes, cuando escuchaba hablar del tema pensaba en bolas de cristal, incienso, olor a pachuli, velas, y mucho misticismo, cosas que, sin darme cuenta, me habían acompañado toda mi vida… pero ésa es otra historia.

El caso es que decidí aventarme, le di una oportunidad a estudiar un nuevo tema (poco sabía que ese sería un momento decisivo en mi vida), entonces llegué a mi primera clase y, efectivamente, el incienso, velas, pachuli y todo estaba ahí, fue un automático "te lo dije" a mí mismo en cuanto me percaté de que había tenido razón. Pero de lo que no había tenido razón, o lo que no sabía, es que existía algo que se llamaba la carta natal, que tenía todos los planetas y que englobaba todas mis

energías, potenciales y habilidades.

Conforme avanzaron mis clases, empecé a descubrir que sí tengo el sol en Aries, pero que mi Luna está en Libra, que existía una cosa llamada ascendente, que en mi caso caía en Tauro, o que mi Plutón lo compartía con toda mi generación. Como a mí me gusta decir: ¡me explotó la tacha astral! El mundo, qué digo el mundo, ¡el Universo mismo se abrió frente a mis ojos!

Mis narrativas de vida empezaron a presentarse frente a mí, clase a clase, conforme aprendía más sobre este mundo y sobre mi carta natal. Emociones que no le había contado a nadie, retos que había trabajado durante toda mi vida, incluso anhelos y sueños que jamás había imaginado, de pronto se me mostraron como un cuento o una historia, la historia de mi vida.

Me di cuenta del poder que tiene mi carta natal y cómo yo simplemente soy una representación en este mundo terrenal de lo que es mi carta a un nivel energético, y se volvió mi tarea diaria interpretarla y entenderla, trabajarla e integrarla. Con el paso del tiempo, mi vida empezó a cambiar en saltos cuánticos, comencé a alinearme con lo que me pedía mi carta. En otras palabras, con lo que las historias de las estrellas me estaban contando.

Te platico todo esto porque se escucha muy bonito cuando uno sólo cuenta las partes importantes o trascendentales de la historia. Sin embargo, yo también es-

tuve como tú, con esas ganas de querer descubrir toda esa magia que todos me contaban sobre la astrología, pero sin saber por dónde empezar. Mientras estudiaba estaba ahogado de información, pero ¡sediento de conocimiento! Por todos lados veía una cosa diferente y era muy difícil para mí poder pegar todas las piezas del rompecabezas, porque como yo siempre digo: la astrología es tan fácil y divertida, o tan compleja e interesante, como cada uno de nosotros quiera.

Entonces yo pasé de no creer nada en astrología, porque pensaba que si ya todo estaba escrito y que podíamos predecir el futuro, pues ¿qué chiste tiene venir a esta vida?, a medio coquetear con los horóscopos, a empezar a estudiar astrología, a abrumarme demasiado por sentir que había muchísima información y muchísimos expertos, y que nunca iba a poder ponerme al corriente.

Y de ahí nació Astrología Millennial, del darme cuenta de que nadie estaba contando la astrología como yo quería escucharla, de buscar platicarle a alguien todo lo que iba aprendiendo sobre el tema y explicarle como a mí me hubiera gustado que me lo mostraran. Comencé con mi cuenta de Instagram, un blog, luego mi podcast, después mis talleres y *masterclasses*, y ahora, este libro que tienes en tus manos.

Este libro es la recapitulación, por orden, de lo principal que debes saber (paso a paso y capítulo a capítulo) para ir adentrándote a este maravilloso mundo. Como

alguien que una vez estuvo en tu lugar, te recomiendo que disfrutes el camino y el proceso de conocerte a ti y a tus energías, la astrología no es un *sprint* o una carrera rápida, la astrología es un estilo de vida que se va revelando para ti, a su ritmo y tiempo perfecto.

Y es que la astrología son muchas cosas, desde memes chistosos en los cuales te ves identificado y dices "jajaja, sí soy", hasta procesos muy sanadores, encontrando heridas que nos acompañarán a lo largo de nuestra vida; desde el horóscopo donde corres a ver si esta semana "te va a ir bien", hasta entender que en nuestra vida hay ciclos a los cuales nos tenemos que alinear para poder encontrar propósito de vida y nuevas etapas de maduración de la misma. El cómo uses la astrología, y a qué nivel de profundidad, depende de ti y está perfecto, yo no juzgo, ¡pero entiéndela y úsala! Aprenderla es una herramienta muy poderosa en muchos aspectos de tu vida.

Hoy, mientras escribo esta introducción a mi primer libro, te puedo decir que gracias a todas las alumnas y alumnos que han confiado en mí para enseñarles, desde mi astrología, todo lo que sé y he aprendido con el paso de los años, hoy puedo no sólo vivir de lo que más me apasiona, sino ver cómo las estrellas le van cambiando la vida a los demás si deciden alinearse con ellas.

Es hermoso ver cómo algo que comenzó como un "¿qué es lo peor que puede pasar si lo intento?" se convirtió en una forma de ayudar a los demás a encontrar sus propias narrativas en sus cartas natales. Por eso voy a estar eternamente agradecido con el universo, pero también con personas como tú que tienes este libro en tus manos, porque confiaste en mí para ser tu astrólogo de cabecera. Ten por seguro que yo voy a hacer lo que sea necesario para ayudarte a encontrar las historias que te quieren contar las estrellas, porque al final del día, esto estaba escrito en mi carta natal…

En las siguientes páginas te iré platicando conceptos básicos de la astrología, algo de contexto histórico sobre la misma, algunos de sus exponentes más importantes y cuál es su importancia hasta nuestros días. Luego te contaré más sobre el tipo de astrología que yo practico, la cual utiliza la carta natal como la herramienta base de autoconocimiento y te explicaré de manera general cuáles son las 4 partes básicas que la componen: los signos zodiacales, los planetas astrológicos, las casas astrológicas y los aspectos.

Finalmente, el libro termina con 12 rituales para alinearte con la energía de cada uno de los 12 signos zodiacales, porque, definitivamente, también creo en la magia y en que haciendo actividades de este tipo podemos canalizar nuestra energía y manifestaciones a niveles más profundos y espirituales.

¡QUE LO DISFRUTES!

ESTEBAN MADRIGAL
OCTUBRE 2022

CAPÍTULO 1
CONTEXTO, PLEASE

Si vamos a platicar sobre astrología, lo primero que hay que hacer es definirla y darte un contexto general sobre ésta, aunque seguramente si este libro está en tus manos es porque ya sabes algo del tema o te llama la atención y quieres entenderlo mejor de una manera más sencilla y entretenida.

Independientemente de la razón por la que lo tienes, aquí te cuento un poco. Un primer paso para explicarte este tema es empezar diciéndote qué no es. Porque sé que hay mucha confusión y desinformación al respecto:

¿QUÉ NO ES ASTROLOGÍA?

1. LA ASTROLOGÍA NO ES UNA RELIGIÓN. No hay instituciones religiosas detrás de la astrología, somos simplemente personas como tú y como yo a las que nos gusta abrir la mente a nuevos conceptos y

herramientas para conocernos mejor, para aprender y para tratar de entender un poquito más cómo funciona nuestro universo.

2. **LA ASTROLOGÍA NO ES SÓLO LOS HORÓS-COPOS QUE LEES EN LAS REVISTAS Y EN INSTAGRAM.** Los horóscopos se han viralizado de forma nunca antes vista y los medios de comunicación y redes sociales los han aprovechado y sobreexplotado para crear contenido fácil. Aunque bien hechos son muy buena herramienta para informar, entretener y predecir, la astrología dura y real va mucho más allá, pues es una disciplina que se junta con las matemáticas, con la astronomía, con la psicología y hasta con la física cuántica, aunque no lo creas (ahorita te cuento más sobre esto).

3. **LA ASTROLOGÍA NO ES UNA VERDAD ABSOLUTA QUE JAMÁS CAMBIA.** Muchos piensan que los que la practicamos queremos encasillar a los demás en cajitas duras de acuerdo con su personalidad, o que no estamos abiertos al diálogo y al intercambio de nuevas ideas y conceptos. Pero la astrología está en continua actualización y evolución de acuerdo con los cambios culturales y sociales, y según los fenómenos que se van descubriendo "allá arriba".

4. **LA ASTROLOGÍA NO ES UNA MODA.** La práctica y estudios astrológicos existen literalmente desde el principio de la humanidad. O sea, ¡desde la prehis-

toria hay pinturas en las cuevas y en las piedras donde se han hallado observaciones de los astros! Es toda una disciplina que ha evolucionado y formado parte de la sociedad desde siempre, y ha sido practicada por sacerdotes, filósofos, emperadores y científicos a lo largo de nuestra historia.

Y bueno, entonces después de este primer contexto, te preguntarás:

✫ ¿QUÉ SÍ ES ASTROLOGÍA? ✫

Pues a mí me gusta verla como una herramienta más en ese camino de autoconocimiento que todos buscamos. Bueno, no todos, porque hay personas que simplemente van por la vida en piloto automático y no les interesa explorar más profundo (pero bueno, cada quien, ¡aquí no se juzga a nadie!, jaja). En fin, me entiendes la idea.

Me gusta verla como un mapa o GPS que te ayuda precisamente a no andar en piloto automático, un mapa que te va marcando rutas, atajos y puntos en el terreno que puedes explorar, o también puedes darles la vuelta si tú quieres. Digamos que **es esa voz del GPS que te dice que des vuelta a la derecha y te dirijas al noroeste para llegar a tu destino,** y ya tú decides si le haces caso o te sigues derecho.

Y, como siempre digo, aunque no practiques o quieras integrar la astrología en tu vida, de todos modos, vas a caminar por ese territorio personal, y probablemente llegues a los mismos destinos o hagas las mismas desviaciones, pero la astrología te ayuda a que esos recorridos sean más rápidos y con menos errores.

Otra cosa que también siempre me gusta mencionar es que la astrología puede ser tan compleja y profunda o sencilla y superficial como tú quieras. Cada uno decide desde dónde la integra, la explora y se alinea con ella. Cualquier manera está bien.

 ¿QUÉ MÁS ES LA ASTROLOGÍA?

Podríamos llamarla un sistema con métodos y observaciones que nos ayudan a estudiar el efecto y correlación de los planetas y cuerpos celestes en nosotros, los seres humanos, y los eventos que pasan aquí en la Tierra.

Esta disciplina desde lo macro puede estudiar patrones, movimientos planetarios, ciclos y posiciones de los astros, y desde lo micro puede estudiar rasgos de personalidad, tendencias de comportamiento, áreas de oportunidad y potenciales de las personas.

LUNA

CÁNCER

LIBRA · TAURO

VENUS

ESCORPIO

MARTE

EL SOL

LEO

ARIES

SATURNO

JÚPITER

VIRGO

MERCURIO

CAPRICORNIO

ACUARIO

PISCIS

SAGITARIO

GÉMINIS

¿POR QUÉ PUEDE IR DE LO MACRO A LO MICRO?

Porque uno de los principios en los que se basa la astrología es que todos estamos conectados con todos. "Como es arriba es abajo" (*as above, so below*).

Ese principio es cada vez más famoso y reconocido, puedes buscar en Google ahorita mismo y encontrar mucha información basada en experimentos científicos (sobre todo de física cuántica) que están comprobando que todas las partículas y átomos que nos conforman (y no sólo a los humanos, sino a todo el mundo natural) están conectados energéticamente (le dicen el *entrelazamiento cuántico*).

Así como nos componen millones de células, átomos y partículas, nosotros a su vez formamos parte de organismos más grandes, como el planeta en el que vivimos, que al mismo tiempo es parte del sistema solar y éste del universo entero.

De acuerdo con esas teorías, **nada ni nadie existe de manera independiente y separada, todos nos influimos unos a otros con nuestra energía, conocimiento y estado de ánimo;** los astros también nos influyen de diferentes modos en lo biológico o psicológico. Y lo que la astrología hace es tratar de interpretar esas influencias y manifestaciones energéticas a nivel macro y micro.

Y como te dije hace unos párrafos, a fin de cuentas, la astrología no sólo te ayuda a alinearte con los ciclos de la naturaleza y a conectar de una manera más armoniosa con ella, sino que te da herramientas para conocerte, te da información sobre ti o sobre la gente a tu alrededor que te permite relacionarte mejor contigo mismo o con ellos; y, sobre todo, te ayuda a tomar decisiones de una manera más consciente, más abierta, y sí, también más crítica.

Así que, si tienes este libro en tus manos, me atrevo a decir que eres una persona valiente porque estás decidiendo aprender algo nuevo que pueda servirte para conocerte mejor. Créeme que, si te animas a continuar este aprendizaje y a aplicar esta hermosa herramienta en tu vida, la magia comenzará a suceder y el crecimiento personal que tendrás será increíble. ¡Todo depende de ti!

CAPÍTULO 2

CHISMECITO HISTÓRICO

En este capítulo te daré un breve recorrido por los que considero **los** *highlights* **más importantes de la evolución de la astrología hasta nuestros días. ¿Estás listo?**

PREHISTORIA
(30 000 AÑOS A. N. E.)

La observación y monitoreo de las estrellas se remonta hasta la época de las cavernas. ¿Sabías que se ha encontrado evidencia de pinturas en cuevas, piedras o huesos donde nuestros antepasados registraban, por ejemplo, los ciclos de la luna?

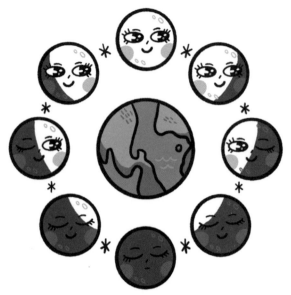

Ya desde aquí podemos asegurar que la astrología es la raíz de nuestra vida, porque para que los humanos pudieran inventar después herramientas como el calendario, primero tuvieron que estudiar los ciclos astrológicos durante ¡miles de años! Al parecer, para nosotros los humanos, es algo natural seguir a las estrellas y buscar en ellas las respuestas a nuestras preguntas. ¿Qué pasa cuando algo te preocupa? ¡Volteas al cielo en automático! ¿A poco no?

PRIMERAS CIVILIZACIONES
(6 000 - 5 000 AÑOS A. N. E.)

Los primeros registros astrológicos formales se han hallado en las civilizaciones antiguas como Mesopotamia y Egipto, éstos se usaban para pronosticar patrones del

clima, estudiar ciclos de los planetas, predecir fenómenos como los eclipses y otras cosas.

Eran épocas en las que **se creía que lo que no era hecho por la humanidad era causado por los dioses, y esas deidades eran los planetas y estrellas.**

BABILONIA Y EGIPTO
(2 000 – 500 AÑOS A. N. E.)

Los babilonios ayudan a que la astrología se convierta en un sistema, o hasta ciencia (porque estaba fusionada con lo que hoy conocemos como astronomía), pues **fueron los primeros en desarrollar una metodología para interpretar el cosmos,** creando la rueda zodiacal con los planetas y las primeras casas astrológicas (esto te lo explico más adelante, no te me desesperes).

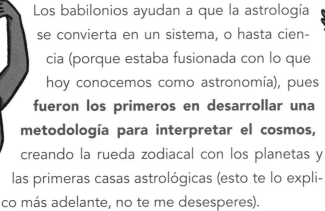

Básicamente todo ese conocimiento se fue mezclando con las creencias y mitologías no sólo de los babilonios, sino también de los egipcios. ¿Sabías que los sacerdotes del faraón eran expertos en astrología? Su conocimiento era parte de su religión.

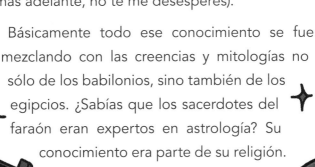

ALEJANDRO MAGNO Y EL PERIODO HELENÍSTICO
(340 - 30 AÑOS A. N. E.)

A través de los egipcios, la astronomía y la astrología babilonia llegaron a Occidente (o sea, a nuestro *background* histórico y cultural). Específicamente, se cuenta que fue después de que Alejandro Magno conquistó a los babilonios y a los egipcios, haciendo no sólo que se mezclaran sus diferentes prácticas astrológicas, sino que se permearan en la cultura griega, siendo ellos quienes le dieron los nombres actuales a los signos y planetas, y también surgió la llamada *astrología helenística*, la cual incluía conceptos como el ascendente y las 12 casas astrológicas como las conocemos ahora.

Algunos otros personajes griegos que seguro has escuchado y que aportaron a la evolución de la astrología son Pitágoras, quien fue el primero en afirmar que la Tierra, la luna y los planetas giraban alrededor del sol; Hipócrates, que usaba la astrología para hacer diagnósticos médicos, o Aristóteles.

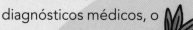

PTOLOMEO Y EL TETRABIBLOS
(SIGLO II)

Este astrólogo, astrónomo y matemático griego escribió cerca del año 140 d. n. e. un texto que se llama *Tetrabiblos* (sí, ya sé, suena bien raro, jaja), que describía planetas, casas, aspectos y ángulos (todos ellos son técnicas y conceptos que aún utilizamos los astrólogos actualmente).

Básicamente lo que hizo Ptolomeo fue agarrar toda la información astrológica que había por todos lados y la unió en este gran tratado que sirvió para fijar las bases astrológicas que hasta hoy en día están vigentes. Con todo ese "boom" astrológico, la astrología helenística se empezó a esparcir rápidamente por todo el Mundo Antiguo, Europa y Medio Oriente.

EDAD MEDIA Y SUS GRANDES PERSONAJES
(SIGLOS v - xv)

Aquí ya había astrólogos reales o las universidades tenían también comités de astrólogos. Definitivamente era algo que se tomaban en serio y que incluían en áreas como las matemáticas o la medicina.

En estos siglos se escribieron muchos libros al respecto, se perfeccionaron y aumentaron los estudios de los griegos y romanos, es más, hasta escritores como Dante y Shakespeare hablaban de esta disciplina en sus obras.

Grandes filósofos y científicos eran también astrólogos, como Copérnico, Galileo, Kepler o Newton. **Copérnico mejoró muchas tablas y exactitud de cálculos astrológicos y retomó la teoría de Pitágoras de que el sol era el centro fijo de todo.** Galileo construyó uno de los primeros telescopios. Por su parte, Kepler y Newton absorbieron todo el conocimiento disponible de esta disciplina, y no sólo lo utilizaron en su práctica científica, sino que también lo enriquecieron.

Todo esto se combina con la invención de la imprenta, la caída del Imperio bizantino y los viajes de los europeos por el mundo, para que la astrología siguiera difundiéndose por donde fuera.

LA ILUSTRACIÓN
(SIGLOS XVII - XVIII)

En esta época en la que se promovió la razón, el escepticismo, el materialismo científico y el pensamiento filosófico, se le comenzó a dar más énfasis a lo tangible y comprobable, en lugar de a lo considerado como "esotérico" o supersticioso.

Así, la astrología, junto a otras disciplinas y estudios, **se**

PIENSO LUEGO EXISTO

catalogó como entretenimiento y sinsentido, haciendo que perdiera popularidad y difusión. Pero tampoco es que desapareciera por completo, aun en estos años existieron personas interesadas en este tipo de conocimiento, sólo que ya no contaban con el prestigio y reconocimiento de otras épocas.

✶ PSICOLOGÍA ASTROLÓGICA ✶

FINALES DEL SIGLO xix Y PRINCIPIOS DEL xx)

Durante este periodo **la astrología resurge gracias a personajes icónicos, quienes además de no dejarla morir, le dieron todavía un _punch_ más esotérico y espiritual que antes,** introduciendo conceptos como el karma o la reencarnación.

> QUIEN MIRA HACIA AFUERA, SUEÑA; QUIEN MIRA HACIA ADENTRO, DESPIERTA

Figuras como Alan Leo o Dane Rudhyar también empezaron a acercar la astrología a la psicología, creando la denominada _astrología humanista_ influenciada por otro personaje icónico, el psicólogo Carl Jung, cuyas obras son la base de buena parte de la astrología moderna.

Carl Jung hizo muchas exploraciones sobre arquetipos y mitos en el proceso de autoconocimiento y sanación de nuestra psique. Él creía que los símbolos

arquetípicos eran el lenguaje del alma y que nuestra carta natal proveía mapas sobre quiénes somos.

Su trabajo definitivamente ayudó a darle forma a la astrología actual. La psicología astrológica se convirtió en el movimiento astrológico dominante del siglo xx.

EL BOOM DE FINALES DEL SIGLO xx

Entre los años sesenta y setenta de este siglo, la astrología experimentó otro *boom* de popularidad, cuando muchísima gente empezó a interesarse en filosofías y sabidurías orientales o antiguas (lo que llaman *New Age*).

Aquí la astrología ya era parte de la cultura *mainstream* y era frecuente descubrir los horóscopos en las revistas y periódicos. Por darte dos ejemplos de personas que contribuyeron a eso, está Linda Goodman, una escritora y astróloga estadounidense que logró posicionar los dos primeros libros de astrología en la lista de *bestsellers* de *The New York Times*; y Liz Greene, psicóloga y astróloga que ha retomado y reforzado en sus libros y estudios la psicología astrológica comenzada por Jung.

Greene también es cofundadora del Centro de Astrología Psicológica de Londres y de **Astrodienst (www.astro.com), una de las páginas web más famosas, completas**

y utilizadas por todos hoy en día para obtener tu carta natal y tránsitos astrológicos.

ÉPOCA ACTUAL

(SIGLO xxi)

¡Por fin! ¡Aquí es donde entro yo y Astrología Millennial, ¡jajaja! Es muy emocionante pensar que uno entra en la línea del tiempo astrológica tanto con mi proyecto como con este libro que tienes en tus manos. Bueno, pues en esta época, la astrología ha hecho un *súper come back* y su aceptación social y cultural se ha acelerado —obviamente como todo— con el internet y las redes sociales.

Actualmente se está convirtiendo en el fenómeno cultural de nuestra generación, pues **cada vez más personas acuden a ésta para encontrar herramientas útiles que les ayuden a comprender las complejidades del ser humano:** necesidades, deseos, modos de comunicarse, debilidades, manera de amar y de relacionarse, por ejemplo.

En esta época algo caótica, en la que estamos más conectados, pero al mismo tiempo desconectados, en la que tenemos más acceso a la información que nunca, pero al mismo tiempo no sabemos casi nada, nos estamos dando cuenta de que en la astrología podemos hallar elementos que nos ayuden a enfocarnos en nuestra propia experiencia interior y explorar los patrones ocultos que todos tenemos.

Este renovado interés en áreas más místicas, esotéricas y espirituales permea todos los aspectos de nuestra cultura actual como la moda, el cine, la literatura (¡no por nada tienes este libro en tus manos!), la tecnología y comunicación, y la astrología es el hilo conductor.

Así que si tú también estás en esa búsqueda de algo más allá de lo racional y cuadrado de la ciencia moderna y las creencias tradicionales que ya no encajan del todo en nuestras generaciones millennial y centennial, bienvenido a este hermoso mundo y a esta manera alternativa de percibir y vivir la vida. Date la oportunidad de abrir un poco tu mente y seguro algo aprenderás.

La astrología está volviendo a reafirmar y comprobarle al mundo que es una herramienta poderosa para conocernos y aprender sobre nosotros. La profesión de astrólogo y las páginas de astrología en redes crecen año con año, y hasta hay universidades que están comenzando a incluir de nuevo esta disciplina en sus planes de estudios.

¡Definitivamente tenemos astrología para rato!

CAPÍTULO 3

ASTROLOGÍA EVOLUTIVA
Y LA CARTA NATAL

En el capítulo anterior te comentaba que **la astrología NO es solamente los horóscopos que lees en las revistas de moda o en Instagram.** Aunque los horóscopos (bien hechos, como lo que yo escribo, basado en los movimientos planetarios) sí forman parte de la astrología, no son lo único que existe en ella. Es más, son apenas la punta del gran iceberg de todo lo que la conforma y la describe.

Como te platiqué en capítulos anteriores, la astrología tiene conexiones fundamentales con las matemáticas, la astronomía, la psicología y hasta con la física cuántica, entre muchas otras disciplinas y ciencias.

Por eso, este libro lo pensé como una especie de **manual para principiantes,** o un *starter pack* de astrología, ese que yo hubiera querido tener cuando comencé a explorar este hermoso y mágico mundo, quiero ir llevándote de la mano quitándote mitos y tratando de que

ASTROLOGÍA

ORIENTAL

Se basa en el horóscopo sideral: Define los 12 signos zodiacales a partir de estrellas fijas

Es la que utilizan los astrónomos o científicos para estudiar más a fondo el universo

Considera que, vistos desde la tierra, la posición de los astros y las constelaciones sí se van recorriendo lentamente

ASTROLOGÍA VÉDICA (HINDUISTA)

ASTROLOGÍA CHINA

OCCIDENTAL

Se basa en el horóscopo tropical: mide el tiempo y divide los 12 signos zodiacales a partir de las estaciones del año

Considera que la posición de los astros y constelaciones no cambia, pues siempre toma como punto de inicio del año zodiacal, el equinoccio de primavera (hemisferio norte) u otoño (hemisferio sur) con el signo de aries.

Es la más común y practicada por la mayoría de los astrólogos. es la más accesible, comercial y menos compleja y la que casi todos practicamos. Es la que predomina en la astrología moderna

ASTROLOGÍA HELENÍSTICA

ASTROLOGÍA MODERNA

ASTROLOGÍA ESOTÉRICA
Se enfoca más en tu alma y su trascendencia

ASTROLOGÍA KARMICA
Se enfoca en tus vidas pasadas y la reencarnación

ASTROLOGÍA HORARIA
Técnica adivinatoria para responder preguntas específicas

ASTROLOGÍA MUNDANA
Estudia las relaciones entre los movimientos planetarios y acontecimientos sociales

ASTROLOGÍA EVOLUTIVA
Se enfoca en tu evolución personal, dándote herramientas para conocer tu propósito de vida y fortalezas que tienes para cumplirlo

profundicemos juntos. También, porque tengo Mercurio en Tauro y necesito estructurar todo lo que comparto (ya irás comprendiendo a qué me refiero, jaja).

Además del mito de que la astrología sólo son horóscopos, también existe la creencia de que sólo hay un tipo de astrología, o que ésta se aplica como una receta única a todo y para todo.

Pero ¿qué crees? Ésta se puede dividir y clasificar en enfoques, perspectivas y ramas y subramas.

Básicamente podemos partir de dos escuelas principales, que son las siguientes: la astrología occidental y la astrología oriental, y de ahí se derivan todas las ramas y tipos de astrología que existen. En la página anterior puedes ver un diagrama en el que quise representar las principales características de ambas, y también algunos ejemplos de cada una (no son los únicos).

Ya sé que llegado a este punto estás súper emocionado y ya quieres saber todo de todo, pero pues comprenderás que en este libro no puedo enseñarte absolutamente todas y cada una de las ramas y subramas. Si no, esto sería una enciclopedia de varios tomos, jaja.

Así que tomaré uno de los enfoques en los que yo baso mi astrología y ése es el que intentaré explicarte desde mi experiencia y punto de vista.

Me refiero a **la astrología evolutiva,** la cual forma parte de la astrología moderna occidental y maneja el horós-

copo tropical; como viste en el diagrama, **es el enfoque más utilizado y aceptado actualmente** a nivel mundial.

La astrología evolutiva busca tu "evolución" como ser humano, dándote herramientas para conocer tu propósito de vida y las fortalezas o potenciales que tienes para cumplirlo. Te ayuda a detectar patrones o creencias limitantes que no te dejan liberar o desarrollar tus talentos, o también a detectar hacia dónde tienes que moverte para crecer, prosperar o mejorar la versión actual de ti mismo.

Entre más y mejor conozcas tu forma de pensar, de reaccionar, de amar y de relacionarte con los demás, más fácil será para ti tomar decisiones que te ayuden a alinearte con tu propósito evolutivo.

La astrología evolutiva sabe que **astrológicamente tienes ciertas energías y tendencias de nacimiento, pero que también tienes un libre albedrío** y que al final tú decides hacia dónde moverte, qué estructuras y hábitos romper, y cuáles conservar, qué lecciones aprendes y cuáles repites.

Y para conocer todo esto y poder tomar esas decisiones hay una herramienta poderosa y clave: la carta natal.

LA ESTRELLA DEL SHOW

La **carta natal** es la estrella del show porque es como **una llave mágica que te ayudará a conocerte mejor a ti y a la gente que te rodea,** te permitirá descubrir tu

propósito de vida, tus fortalezas y sí, también ese lado oscuro que a veces no queremos ver, pero que —si lo hacemos consciente y lo trabajamos— nos fortalece para ser mejores personas.

Ésta es la pieza clave de la astrología evolutiva y te voy a explicar por qué. Para empezar, algo que la hace tan especial es que tu carta natal es única e irrepetible. **Se dice que es como una huella digital cósmica que te identifica y distingue de los demás.** Hasta los gemelos pueden tener algunas diferencias en sus cartas dependiendo del minuto en el que nazcan.

Es un mapa que nos ayuda a ver cómo estaba el universo en el momento en el que tú naciste. Y para calcularla necesitas tres cosas fundamentales: tu fecha, tu lugar y tu hora exactos de nacimiento.

Los astrólogos de la Antigüedad tenían que hacer cálculos a mano supercomplejos para poder elaborarlas con esa información, pero por suerte para ti, estamos en el siglo XXI y ahora la tecnología nos respalda y hay muchísimos softwares, apps y páginas web que ya calculan la tuya ¡al instante!

Aquí lo más complicado de saber es la hora exacta en la que naciste. Lo primero que te recomiendo es buscar tu acta de nacimiento, es muy probable que ahí esté. Hay algunas que no la traen, así que si ése es tu caso, entonces prueba preguntándole a tu mamá o tu familia si se acuerdan aproximadamente a qué hora llegaste al mundo, buscando que sea lo más exacto posible.

Y si de plano no tienes manera de saberlo, déjame decirte que hay algunos astrólogos que se especializan en hacer algo que se llama *rectificación de carta natal*, en la cual te entrevistan y se analizan ciertos eventos importantes en tu vida para poder hacer los cálculos correspondientes.

Este mapa del cosmos al momento de tu nacimiento es un diagrama que tiene una estructura para que la puedas leer de una manera básica, pero también tiene diferentes capas de información o niveles de profundidad en los que puedes ir "haciendo *zoom*" poco a poco.

Lo primero que debes saber es que **la carta natal es un diagrama en dos dimensiones que se calcula suponiendo que la Tierra y tu persona son el centro del sistema solar** y que los astros giran alrededor de él, y arriba y abajo de la línea del horizonte. A esto se le llama *enfoque geocéntrico*.

Este diagrama se representa por medio de un círculo que contiene información codificada en diferentes iconos, colores y figuras.

Los primeros cuatro niveles de esa información son los siguientes:

1. **Los 12 signos zodiacales** (Aries, Tauro, Géminis, Cáncer, Leo, Virgo, Libra, Escorpio, Sagitario, Capricornio, Acuario y Piscis).

2. **Los 10 planetas astrológicos** (Sol, Luna, Mercurio, Venus, Marte, Júpiter, Saturno, Urano, Neptuno y Plutón. Y sí, en astrología al Sol y a la Luna les llamamos planetas astrológicos, aunque astronómicamente sabemos que no son planetas).

3. **Las 12 casas astrológicas.**

4. **Los aspectos astrológicos.**

Y entre algunas de las otras capas de profundidad podemos mencionar las siguientes: asteroides, puntos matemáticos, ejes específicos, nodos lunares, puntos de poder, partes arábigas, entre otros. Es posible descifrar cada una de ellas para obtener información valiosa que nos ayudará a trazar con más precisión y profundidad nuestra carta, y así ampliaremos aún más nuestro conocimiento de nosotros mismos.

La carta natal puede ser considerada como una **radiografía de tu personalidad,** tus emociones, tus instintos, tus motivaciones, o como te dije antes, tus potenciales, fortalezas y hasta tu lado oscuro o "sombra". Rebasa los límites de la dualidad y su oposición, es decir, de la visión en blanco y negro, y **te presenta como un ser complejo y completo,** lleno de matices.

También puedes verla como un espejo que te sirve como ese instrumento de autorreflejo o autoproyección para poder conocerte mejor y evolucionar como persona. Por ello es que es la estrella del show de la astrología

evolutiva, es lo que te va a permitir desbloquear todo ese mundo de información y conocimiento sobre ti.

La astrología está siempre en un proceso de crecimiento y adaptación, y en las últimas décadas uno de los enfoques más fuertes que está teniendo es el de servir como instrumento para comprendernos mejor y no sólo a nosotros, sino también a las personas con las que interactuamos.

También es ese puente entre lo macro y lo micro que forma parte de nosotros y de nuestro universo, y al ser un mapa, **te ayuda a descubrir rutas y atajos para alcanzar diferentes objetivos en todas las áreas de tu vida.** Nos muestra una ruta para alcanzar esa armonía que tanto deseamos en nuestro interior, pero también en nuestra interacción con todo lo que nos rodea, en el "acá abajo" y el "allá arriba", es una herramienta para integrarnos realmente con el universo.

✰ ERES MÁS QUE TU SIGNO SOLAR ✰

Antes de empezar a platicarte con más detalle sobre cada uno de los cuatro niveles básicos de la carta natal, necesito hacerte este *disclaimer*: eres más que tu signo solar.

¿A qué me refiero? **Tu signo solar es aquel que tienes de acuerdo al día y año en que naciste,** es el típico "Yo soy aries", "mi mamá es virgo", etcétera. Se llama *signo solar* porque es el signo en el que estaba transitando el

Sol al momento exacto de tu nacimiento.

Pero aquí la explotada astrológica de cerebro empieza al saber que **ese signo NO ES EL ÚNICO que tienes,** y que tu personalidad y energías no se basan únicamente en él. Es sólo una parte (sí, muy importante) de tu carta natal, pero no la única.

Acuérdate que ésta tiene diferentes niveles de energía y profundidad. Un primer nivel para empezar a aproximarnos a ella es lo que le decimos tu *Big 3*, que son **tres de los signos o energías zodiacales más fuertes en tu personalidad:**

Tu signo solar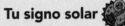
(aquel donde estaba el Sol cuando naciste)

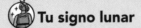 **Tu signo lunar**
(aquel donde estaba la Luna cuando naciste)

Tu signo ascendente
(aquel que estaba en el horizonte
al salir el sol el día en que naciste)

El signo solar es el de tu identidad, de tu personalidad básica, tu estilo, tu conciencia. Es el indicador más fuerte de quiénes somos. Y en su mejor expresión, el Sol es nuestro resplandor y nuestra autoexpresión amorosa, a mí siempre me gusta explicar que el Sol es como tu ESTRUCTURA PRINCIPAL.

El signo lunar representa tu lado interior, tus instintos, tus emociones, tus necesidades básicas y tu inconsciente. Como ves, estas características describen mucho de la esencia de estos astros, o al menos de cómo los hemos percibido a lo largo de la historia, son opuestos pero también se complementan. Aunque cada uno tiene su momento y su lugar para brillar, el día y la noche, forman parte de lo mismo.

Si el Sol es lo más evidente de ti estructuralmente hablando, o sea, lo que los demás conocen de ti, **la Luna es la parte de ti que sólo TÚ ves.** El Sol es tu fuerza vital y la Luna la fuerza de tu inconsciente.

Como la Luna domina ese lado emocional tiene influencia sobre tu receptividad hacia los otros, y sobre

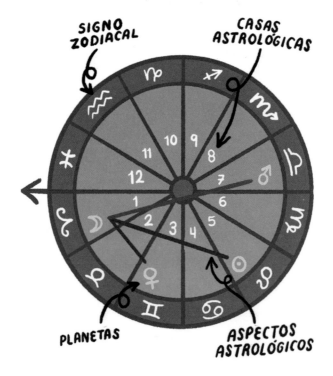

SIGNO ZODIACAL

CASAS ASTROLÓGICAS

PLANETAS

ASPECTOS ASTROLÓGICOS

cómo los demás se sienten a tu alrededor. Por lo mismo, este planeta es extremadamente importante al momento de nuestras relaciones amorosas y en las **compatibilidades de pareja.**

Astrológicamente también se les conoce como las dos luminarias porque son los astros más brillantes y grandes que se pueden observar desde donde estamos, y juntos son la fuerza central de tu carta natal.

Y finalmente, **el signo ascendente** es uno de los 4 ángulos o puntos de poder en tu carta natal (te los explicaré más adelante), y **representa cómo te perciben los demás,** cuál es la imagen o la impresión que les das cuando te conocen, la vibra que transmites, o cómo te muestras ante ellos, aunque por dentro pienses, reacciones o sientas de otra manera.

¿Te ha pasado que conoces a alguien nuevo y dices: "Me encanta, es súper chistoso, de seguro es sagitario"?, y cuando le preguntas "¿Qué signo eres?", te dice: "Escorpio" y te quedas con cara de *whaaat*? Bueno, esto puede pasar porque probablemente la primera impresión que da es su ascendente.

Las características de éste revelan de inmediato mucho más sobre ti que tu signo solar. Entonces, sí, la primera impresión cuenta mucho para intuir nuestra compatibilidad con otra persona, aunque si nos damos tiempo para conocernos mejor, nos podemos llevar más sorpresas de las que esperábamos.

En tu carta natal, el signo ascendente cambia aproximadamente cada dos horas y por eso es importante saber tu hora exacta de nacimiento, o lo más aproximada que se pueda, para poder calcularlo con precisión.

Haciendo una analogía que me gusta, imagínate un pastel: tu signo solar sería el pan, o sea tu estructura principal, tu identidad (vainilla, chocolate, etcétera). Luego, el relleno que hay entre el pan, a veces de mermelada, de cajeta u otros sabores, sería como tu signo lunar, esa parte de ti que no todos pueden ver a simple vista. Y el ascendente sería el betún, la capa final que cubre tanto el pan como el relleno, lo bonito, colorido y decorado que los demás ven primero. Obviamente, el betún es importante, pero no es todo el pastel. Hay que partirlo y probarlo para tener la experiencia completa, ¿si me explico? También a veces, el ascendente es definido como nuestra aura, como la atmósfera energética que nosotros creamos y que nos rodea, y todo lo que experimentamos en nuestra vida, lo filtramos a través de él.

Es más, te voy a dar otro secreto astrológico: **la mayoría de los horóscopos se hacen a partir del signo ascendente y no del signo solar,** por lo que al consultarlo, es el primer signo que se recomienda leer y es probable que el mensaje te resuene más que el de tu signo solar o lunar. Yo siempre le digo a mi comunidad que lean los tres y se queden con el que más les resuene o que los combinen si les hace *match*. Pero el primero, por lo menos desde mi astrología, es el ascendente.

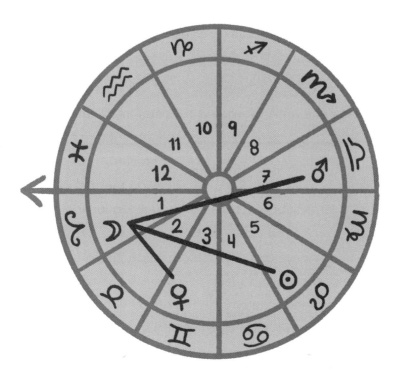

Cada parte de la carta es importante y entre más la analices, puedes entender más a detalle las energías con las que estás constantemente interactuando, pero digamos que este *top* tres va a ser lo que a grandes rasgos o a primera vista nos va a decir qué onda contigo.

Además, **ésta es la razón por la cual no todos los géminis o los sagitarios son iguales,** porque cada quien tiene una combinación distinta de energías en su *Big 3* y en su carta natal. Aunque no necesariamente los tres signos tienen que ser diferentes, eh. Déjame decirte que **hay personas que tienen su *Big 3* ¡en el mismo signo!** O que tienen repetido el signo solar y lunar, o el signo lunar y el ascendente, en fin, las combinaciones son muchísimas.

Y bueno, ya que aprendiste y asimilaste todo esto, ahora sí procedemos a ver más a fondo los aspectos básicos de la carta natal en el siguiente capítulo.

Pero antes, quiero hacerte la siguiente ¡advertencia! A partir de ahora, y para aprovechar al máximo este libro, obviamente necesito que tengas tu carta natal a la mano, amix.

Como te mencioné, los datos principales para sacarla, son tu fecha, hora y lugar exactos de nacimiento.

Hay muchas páginas en internet en la cuales puedes sacarlas (unas más confiables que otras) si tú no sabes cómo sacar la tuya o ya tienes tu información personal y no sabes dónde capturarla, entra a mi página web: www.astrologiamillennial.com y busca el apartado de "saca tu carta natal" y ahí te explicaré paso a paso cómo obtenerla.

CAPÍTULO 4

LOS SIGNOS ZODIACALES

Definitivamente los signos zodiacales son la base tanto de la astrología como de tu carta natal. Es lo que todos conocemos porque es el primer acercamiento que tenemos a este mundo a través de los horóscopos y las redes sociales.

Los signos zodiacales representan los arquetipos o personalidades presentes en la naturaleza humana. En astrología, responden a la pregunta "¿cómo?", es decir, ayudan a representar cómo se expresa la energía del planeta que esté posicionado en ese signo en tu carta natal.

Para poder entender mejor a los signos, la astrología los agrupa en distintas categorías. De acuerdo con los siguientes:

1. Polaridad

2. Elemento

3. Modalidad

POLARIDAD

Los 12 signos del zodiaco se pueden agrupar en **dos categorías o energías principales** llamadas polaridades: positiva o negativa.

En algunos textos o libros hay astrólogos que también les dicen masculino y femenino, pero creo que eso de darles un género ya es cosa del pasado, sólo lo menciono para que lo sepas.

Los **signos positivos** son más directos, extrovertidos y energéticos. Y son: Aries, Leo, Sagitario, Géminis, Libra y Acuario.

Los **negativos** suelen ser más reservados, introvertidos y receptivos. Y son: Tauro, Virgo, Capricornio, Cáncer, Escorpio y Piscis.

Cabe aclarar que no significa que los primeros sean "fuertes" y los segundos sean "débiles", porque es usual que positivo y negativo se asocien con esas palabras como algo bueno *vs.* algo malo. Como siempre digo: no hay un signo mejor o peor que otro.

Sólo los positivos son fuertes cuando toman acción, y los negativos son fuertes a través de sus emociones

internas. Además, simplemente son términos para diferenciarlos según esta energía, una especie de yin-yang.

☆ ELEMENTO ☆

Los 12 signos del zodiaco también **se dividen en cuatro grupos** de tres signos cada uno, según los cuatro elementos de la naturaleza, y éstos son los que seguramente ya has escuchado alguna vez: **fuego, tierra, aire y agua.**

En la astrología, un elemento simboliza las características fundamentales de esos signos.

Los signos de fuego se caracterizan por ser entusiastas, espontáneos e inspiradores, en este grupo entrarían Aries, Leo y Sagitario.

Los signos de tierra se distinguen por ser estables, pacientes y prácticos, en este caso incluiríamos a Tauro, Virgo y Capricornio.

Los signos de aire se definen como intelectuales, sociables y comunicativos, los tres que forman este conjunto son Géminis, Libra y Acuario.

Los signos de agua se describen como sensibles, intuitivos y emocionales, así que en este elemento se incorporan Cáncer, Escorpio y Piscis.

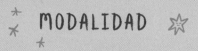 MODALIDAD

Por último, los 12 signos del zodiaco también se dividen en tres grupos de cuatro signos cada uno, los cuales denotan una modalidad o cualidad.

En la astrología, las modalidades representan las tres condiciones básicas en la vida: **creación, preservación y transformación,** así como también la interacción que tiene el signo con el mundo exterior. Y esas tres modalidades son:

1. **Cardinal**
2. **Fija**
3. **Mutable**

Los signos de modalidad CARDINAL son los que se conectan con la creación, el inicio de su temporada corresponde con el inicio de cada estación del año (primavera, verano, otoño e invierno). Este primer grupo incluye a Aries, Cáncer, Libra y Capricornio.

En el hemisferio norte, Aries corresponde con el inicio de la primavera, Cáncer con el del verano, Libra con el del otoño y Capricornio con el del invierno. En el hemisferio sur, el orden es otoño, invierno, primavera y verano, respectivamente.

Se caracterizan por ser emprendedores y desinhibidos, quizá por el papel que tienen al inaugurar cada estación,

hacen una entrada triunfal hacia la siguiente etapa de cambio o transformación. Su rol es iniciar, empujar para adelante y ser el primero, cada uno de ellos conoce su lugar y su función, y la lleva a cabo con orgullo.

Los signos de modalidad FIJA son los de la preservación, la estabilidad y la confianza. Éstos marcan la mitad de cada estación del año. Nos encontramos con Tauro, Leo, Escorpio y Acuario.

Se caracterizan por ser perfeccionistas y por terminar lo que empiezan, suelen ser detallistas y confiables. Su rol es ir más profundo y continuar con lo que ya se inició; es decir, después de la entrada triunfal de los signos de modalidad cardinal, éstos **dan los siguientes pasos y avanzan hacia una posición equilibrada.** Suelen resistirse un poco más al cambio que los otros signos porque el desplazamiento les roba estabilidad.

Los signos de modalidad MUTABLE son los relacionados con la transformación, la flexibilidad, el cambio y la adaptabilidad, y están conectados con el fin de cada estación. Este grupo engloba a Géminis, Virgo, Sagitario y Piscis.

Se caracterizan por ser flexibles, versátiles y adaptarse a cualquier situación, a diferencia de los anteriores, no les preocupa lo inesperado porque **están listos para fluir con lo que se les cruce en el camino.** Su rol es mediar el cambio y ayudar a otros durante periodos de transformación.

Si te fijas, cada uno de los 12 signos tiene una combinación diferente de polaridad, elemento y modalidad. Ninguno tiene la misma combinación exacta que otro. Por ejemplo: Aries es positivo, fuego y cardinal, o Virgo es negativo, tierra y mutable, y no hay otros signos con las mismas combinaciones.

Esos detalles sutiles son los que van matizando tu personalidad y tus energías astrológicas y diferenciándote de los demás.

	🔥 FUEGO	🌱 TIERRA	☁️ AIRE	💧 AGUA
CARDINAL	♈ ARIES	♑ CAPRICORNIO	♎ LIBRA	♋ CÁNCER
FIJO	♌ LEO	♉ TAURO	♒ ACUARIO	♏ ESCORPIO
MUTABLE	♐ SAGITARIO	♍ VIRGO	♊ GÉMINIS	♓ PISCIS

Entender estas divisiones o agrupaciones nos ayuda a **comprender mejor las motivaciones** o la naturaleza de cada uno de los signos, por qué reaccionan de tal manera, o por qué unos son más pasivos, más extrovertidos, más analíticos o más emocionales, etcétera.

Además, con esto entendemos por qué a veces uno se siente identificado con algunas características de otro signo, pues tal vez son del mismo elemento o de la misma modalidad.

Cada uno contiene **pistas sobre quiénes somos** y las cosas y lugares hacia los que nos sentimos atraídos. Por eso es importante no enfocarnos en aprender solamente sobre nuestro signo solar, sino aprender y conocer la energía y características de los 12 signos.

Por último, te platico que los signos tienen un orden natural o un acomodo específico en lo que le llamamos la rueda zodiacal, y es en ese orden en el que te los iré presentando uno por uno a continuación:

 1. Aries   **7. Libra**

2. Tauro   **8. Escorpio**

 **3. Géminis**   **9. Sagitario**

4. Cáncer   **10. Capricornio**

 **5. Leo**   **11. Acuario**

6. Virgo   **12. Piscis**

ARIES

Es líder de nacimiento, arriesgado, algo impaciente, pero muy entusiasta. Siempre está lleno de energía y es súper sincero. ¡Es el bebé del zodiaco! ¿Has visto cómo un bebé no le tiene miedo a nada y le encanta andar explorando y admirando todo lo que hay a su alrededor? ¡Pues ése es Aries!

Al ser el primer signo del zodiaco, es pionero, atrevido y no le tiene miedo a nada (o si lo tiene, no te lo dirá). No tiene filtro para decirte las cosas y siempre te mantiene conectado con la alegría y deseos de empezar.

Aries es el signo que rige el fuego, ¡la candela!, los nuevos inicios, la independencia y la chispa que da inicio ¡a todo! Él te guiará e inspirará con su espíritu apasionado.

ELEMENTO:
FUEGO

MODALIDAD:
CARDINAL

PLANETA
REGENTE:
MARTE

ARQUETIPOS:
LÍDER, GUERRERO,
CONQUISTADOR

CONSTELACIÓN

La historia más popular de su constelación viene del mito griego del vellocino de oro, en la que dos hermanos fueron salvados de ser asesinados por un carnero dorado y mágico.

Aries es una constelación cuyas estrellas forman una línea ligeramente curva. Simboliza al carnero, su liderazgo y valentía.

MITO:

EL VELLOCINO DE ORO

El drama de esta mitología empieza con un rey que se llamaba Atamante y que tenía dos hijos: Hele y Frixo.

El rey estaba casado con una mujer llamada Ino, quien no era la mamá biológica de Hele y Frixo, era su madrastra, y ¡adivinaste!, odiaba a sus hijastros y les tenía celos, por lo que planeó deshacerse de ellos.

Pero la madre biológica de Hele y Frixo, llamada Né-
fele, se dio cuenta de este plan y los salvó mandándoles
un carnero mágico que tenía el poder de volar. Así que
éste apareció en el momento preciso y los salvó, lleván-
doselos en su espalda volando por los aires.

Tristemente, Hele resbaló y cayó al mar donde se ahogó. Frixo sí pudo sobrevivir, llegó a tierra firme en donde hizo una ofrenda a los dioses por haber permitido que se salvara, sacrificando al carnero y colgando su vellocino en un árbol. (Un vellocino es como la piel del carnero con todo y su felpa también conocida como borreguita.)

Zeus, al ver este gesto, decidió entonces crear la constelación de Aries en el cielo para honrar al noble y valiente carnero mágico que salvó a Frixo.

SÍMBOLO:

EL CARNERO

Lo simboliza este animal porque a diferencia de una oveja, el carnero es líder, protector, impulsivo y ataca de frente, siendo hasta peligroso cuando se enoja.

De la misma manera, Aries enfrenta las situaciones en su vida. Es directo, dice lo que piensa, y se avienta a hacer las cosas sin pensarlas tanto.

TÍPICO ARIES

TE INTERRUMPE POR DESESPERADO.

TE DICE LAS COSAS COMO SON.

SE PREOCUPA POR TI.

ACTÚA Y LUEGO PIENSA.

DESAFÍA A LA AUTORIDAD.

SIEMPRE QUIERE GANAR.

SE LLEVA Y NO SE AGUANTA.

SU LADO
DARK

Aries es impaciente, competitivo y siempre está preparado para la guerra. Así que lo último que quieres es hacerlo enojar y echártelo como enemigo.

Si lo atacas y lo hieres, prepárate para contar tus últimos segundos de vida, porque este signo literalmente se encenderá en llamas al instante, sacando al guerrero bravucón que lleva dentro y peleará violenta y ruidosamente dejando un rastro de destrucción a su paso.

¿Sutileza? No la conoce.

TE RETO A:

No perder la paciencia tan rápido.
Respira y cuenta hasta diez.

MANTRAS PARA ARIES

Me abro a los nuevos comienzos que el universo
tiene para mí.

Soy un guerrero poderoso e invencible.

Lidero mi mente, cuerpo y espíritu desde el corazón.

Estoy a cargo de mi vida y nada ni nadie me detendrá.

Soy capaz de lograr todo lo que me propongo.

Me libero de todas las limitaciones que no
me dejan avanzar.

TAURO

Tauro es el signo que rige la tierra, la estabilidad, las finanzas y también la sensualidad.

Por ello, este segundo signo del zodiaco es el más paciente, maduro, práctico, centrado, ahorrativo, y además sabe cómo hacer las cosas con un toque de estilo siempre.

También es muy leal y te ofrecerá su apoyo y los mejores consejos. En todo momento te mantiene conectado con tu centro y tiene la visión más realista de las cosas. Tú hazle caso.

Están dotados de una gran fuerza, tienen excelente capacidad de administración y son los más aguantadores del zodiaco. Pero aun así, tiene un lado muy sensual y romántico que te enseñará a disfrutar de los placeres de la vida como nadie más, ya que sabe cómo estar conectado con su cuerpo.

ELEMENTO:	MODALIDAD:	PLANETA REGENTE:	ARQUETIPOS:
TIERRA	**FIJA**	**VENUS**	**GRANJERO, BANQUERO, ARTISTA**

CONSTELACIÓN

Es una constelación de gran tamaño, por lo que se puede identificar fácilmente en el cielo. Sus estrellas forman una figura en forma de "V".

La mitología detrás de esta constelación viene de cuando Zeus se convirtió en un hermoso, fuerte y sensual toro para enamorar y raptar a la princesa Europa al quedar cautivado por su belleza.

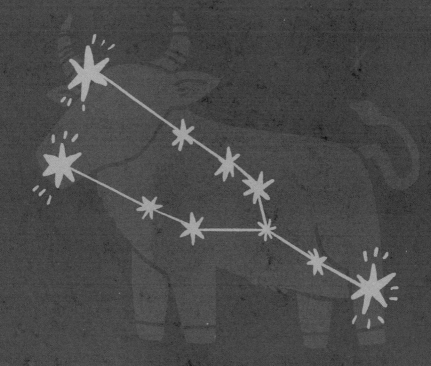

MITO:

EUROPA Y EL TORO BLANCO

Europa era una princesa fenicia que un día estaba en la playa con sus amigas cuando fue vista por Zeus, quien enseguida se sintió atraído por su belleza. Para acercarse a ella sin levantar sospechas y que su esposa Hera no se diera cuenta, Zeus se transformó en un gran y bello toro blanco.

Ya con esa forma de toro, se acercó poco a poco y se sentó a los pies de Europa quien, además de acariciarlo, le hizo una guirnalda de flores que colgó sobre su cuello y se puso a bailar a su alrededor como si estuviera hipnotizada.

Europa se sentó en su lomo, el toro aprovechó para llevársela lejos metiéndose al mar. Así, llegaron hasta la isla de Creta, en donde ambos se unieron a la sombra de unos árboles.

Obviamente Zeus no se quedó con ella, pues estaba casado con Hera. Europa se casó con el rey de Creta, quien adoptó a sus hijos. Y finalmente, Zeus decide subir el toro blanco a los cielos para que forme la constelación de Tauro, por la majestuosidad de su porte y por haber sido el animal que lo ayudó a conquistar a Europa.

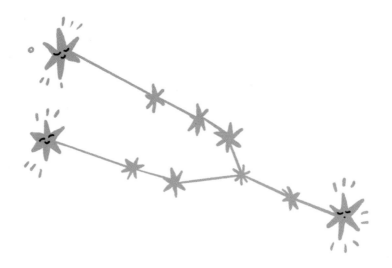

SÍMBOLO:
EL TORO

Lo simboliza este animal por su personalidad paciente, lenta, estable y obstinada. Un toro en su estado natural no corre, es tranquilo y se dirige hacia donde quiere llegar con majestuosidad y sin apresurarse.

De la misma manera, Tauro es aterrizado, se mueve a su ritmo y con sus propias reglas y se toma su tiempo tanto para hacer las cosas, como para abrir su corazón a los demás.

TÍPICO
TAURO

ESCUCHA TU CONSEJO,
PERO NO LO SIGUE.

SABE CÓMO
VERSE BIEN.

SIEMPRE
TE CUIDA.

QUIERE HACER
TODO A SU MODO.

TIENE LA
AUTOESTIMA
HASTA EL CIELO.

PIENSA Y LUEGO
ACTÚA.

AMA LA
BUENA VIDA.

SU LADO
DARK

Tauro es serio, fuerte y tardará mucho para abrirse contigo y darte su confianza. Así que si quieres sacar el lado oscuro de este sensual torito y convertirlo en la fiera indestructible que puede llegar a ser, traiciona esa confianza y verás al toro que te echarás encima.

Pondrá toda su energía, obstinación y poder dominante para hacerte pagar las que le hiciste y no descansará hasta lograrlo. Pero ten por seguro que lo hará lentamente y a su ritmo, para disfrutar y saborear el proceso. Él es el jefe y decidirá cómo hacerlo.

TE RETO A:

Ser más abierto y flexible al cambio.
Intenta hacer algo diferente a lo que
siempre haces.

MANTRAS PARA TAURO

Merezco toda la abundancia que llega a mi vida.

Confío en mi capacidad de enfrentar los retos.

Me atrevo a salir de mi zona de confort y abrazar
el cambio.

Estoy seguro, estoy protegido, estoy completo.

Tengo todo lo que necesito en este momento.

Me permito disfrutar y descansar cuando mi cuerpo
lo pida.

GÉMINIS

Géminis es un signo inteligente y muy mental y analítico. Pero esas cualidades no le quitan lo relajado, divertido, curioso y versátil que puede llegar a ser cuando está en confianza con los suyos.

Definitivamente es alguien que quieres que te acompañe a un viaje o a una fiesta, pues no te aburrirá jamás. Es simpático pero elocuente y siempre te tiene un chismecito reciente.

Está dotado de un gran carisma y es un gran comunicador, pues su signo simboliza la conexión entre la palabra y el pensamiento. Y sí, puede ser algo voluble, pero también tiene una gran habilidad de poder hacer varias cosas a la vez exitosamente.

ELEMENTO: AIRE

MODALIDAD: MUTABLE

PLANETA REGENTE: MERCURIO

ARQUETIPOS: COMUNICADOR, LOCUTOR, VENDEDOR, ESCRITOR

CONSTELACIÓN

Es una constelación con muchas estrellas que a veces hasta se puede identificar sin ayuda de algún aparato extra. La figura que forma este grupo de astros parecen dos personas tomadas de la mano.

La mitología detrás de esta constelación es la de los héroes gemelos Cástor y Pólux, quienes simbolizan la dualidad, la separación y unidad, y el lado mortal y divino que todos tenemos dentro.

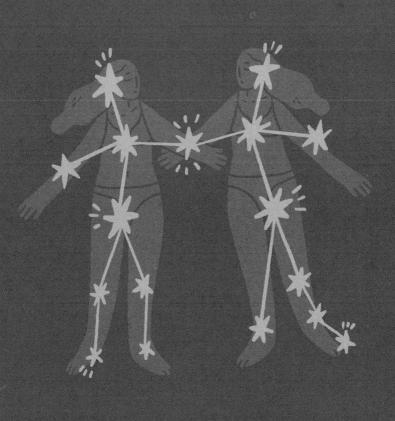

MITO:

CÁSTOR Y PÓLUX

Este mito comienza con Leda, una princesa tan bella que obviamente Zeus la quería conquistar. Un día, mientras ella caminaba junto a un río, se encontró con un hermoso cisne que escapaba del ataque de un águila. Leda lo protegió y muy de la nada se dejó seducir por él.

¡Adivinaste! El cisne era Zeus transformado, que había fingido hasta el ataque del águila.

Como esa misma noche Leda también se unió a su esposo, el rey Tíndaro, quedó embarazada de ambos y dio a luz cuatro hijos: dos inmortales (Pólux y Helena) y dos mortales (Cástor y Clitemnestra).

Cástor y Pólux crecieron inseparables y en una de sus muchas aventuras, raptaron y se casaron con Hilaria y Febe, hijas del príncipe Leucipo. Debido a esto, unos primos de ellas mataron a Cástor. Pólux pidió a su padre Zeus que Cástor y él vivieran alternándose entre la vida y la muerte, pasando uno de ellos, un día en el Olimpo, mientras el otro estaba en el inframundo, y viceversa.

Finalmente, con el paso del tiempo y conmovido por esta fuerte unión fraternal, Zeus se apiadó del dolor que sentían los gemelos por no estar juntos, y decidió crear la constelación de Géminis para que los gemelos nunca más volvieran a estar separados uno del otro.

SÍMBOLO:
LOS GEMELOS

Además de ser simbolizado por el mito de Cástor y Pólux, también los gemelos representan la dualidad o "doble personalidad" que tiene Géminis y no en un mal sentido de no ser alguien confiable, sino que tienen una personalidad muy fluida, adaptable y flexible que les permite cambiar de estado de ánimo más fácil que a otros, o explorar las dos caras de una misma moneda sin batallar.

El símbolo de los gemelos también nos ayuda a comprender que Géminis tiene una necesidad de conversación e interacción social muy fuerte. Es un signo muy expresivo y sociable.

TÍPICO GÉMINIS

PUEDE HACER MUCHAS COSAS A LA VEZ.

CREES QUE NO TE PONE ATENCIÓN, PERO ESTÁ EN TODO.

LE ENCANTA HACER AMIGOS.

AGILIDAD MENTAL.

MUCHA LABIA.

NUNCA SE QUEDA QUIETO.

ANALIZA MUCHO SUS SENTIMIENTOS.

SU LADO
DARK

Géminis es el signo de la astucia, inteligencia y el manejo de la información. El uso de la palabra es uno de sus superpoderes. Es el mejor cuando se trata de convencer y motivar a la gente a su alrededor.

Pero si te metes con él y logras sacar al "gemelo malo" que tiene dentro, mejor huye del país y cámbiate el nombre, porque usará su superpoder para rastrearte y esparcir tus "trapitos sucios" por todos lados, mientras ve el mundo arder a tu alrededor. Si alguien sabe cómo regar un chismecito como pólvora, es él.

TE RETO A:

Ser más perseverante en lo que haces. Deja el *multitasking* y concéntrate en terminar un proyecto a la vez.

MANTRAS PARA GÉMINIS

Me enfoco en el aquí y el ahora.

Expreso mi voz sin miedo.

Estoy abierto a aprender y a evolucionar.

Yo soy el escritor de mi propia historia.

Escucho la sabiduría del universo a través de mi alma.

Los cambios me fortalecen y me permiten crecer.

CÁNCER

Cáncer es el signo más emocional, cariñoso, protector, intuitivo y, a veces, un poco tímido. Pero siempre va guiado por su gran corazón. Si algo es seguro, es que te cuidará y vivirá tus dramas como si fueran suyos.

Es el signo que rige la energía maternal, las raíces, la familia, la fertilidad y la intuición. El lado femenino de la vida en general. Aunque son introvertidos, tienen mucha jovialidad, empatía y mucha imaginación.

Y hay quienes dicen que son brujitos y brujitas naturales porque son capaces de leer las energías de las personas y los ambientes donde están, así que su intuición siempre les avisa lo que pueden esperar de cierto lugar o persona.

ELEMENTO:
AGUA

MODALIDAD:
CARDINAL

PLANETA
REGENTE:
LUNA

ARQUETIPOS:
MADRE, CHEF,
JARDINERO

CONSTELACIÓN

El cangrejo que simboliza a esta constelación aparece en el mito de los 12 trabajos de Hércules, específicamente en el que tuvo que combatir al monstruo conocido como Hidra.

Las estrellas de la constelación de Cáncer se acomodan formando una especie de letra "Y", aunque sé que no tiene forma de cangrejo como tal, a mí me gusta imaginar que los dos "brazos" de esa letra son como sus fuertes y poderosas tenazas.

MITO:

HÉRCULES CONTRA CARCINOS

Hera, la esposa de Zeus, siempre vivió con celos y mucha sed de venganza contra Alcmena y su hijo Hércules (obviamente fruto de otra más de las aventuras románticas de Zeus), a quien le hizo muchas cosas para acabar con él, pero nunca tuvo éxito, pues Hércules, al ser un semidios, tenía una superfuerza que le ayudaba a pelear contra todo.

Pero a Hera se le ocurrió provocarle a este héroe un ataque de locura haciendo que matara a su esposa e hijos. Para resarcir su crimen, el rey le ordenó realizar una serie de labores conocidas como los 12 trabajos de Hércules.

Uno de ellos consistía en matar a la Hidra, un monstruo de muchas cabezas que custodiaba una entrada secreta hacia el inframundo.

Mientras Hércules luchaba contra ella, Hera envió a Carcinos, un cangrejo gigante para que ayudara a la Hidra. El cangrejo usó sus pinzas para sujetar los pies de Hércules, sin embargo, éste lo aplastó fuertemente para continuar y ganar la batalla.

En cuanto a Carcinos, el gran cangrejo, existen dos versiones:

- La primera indica que Hera lo subió al cielo a formar la constelación de Cáncer por su buen trabajo al ayudar a la Hidra.

- La segunda indica que, en lugar de ser aplastado por Hércules, éste lo pateó tan fuerte que lo mandó a los cielos, donde se quedó como la constelación de Cáncer.

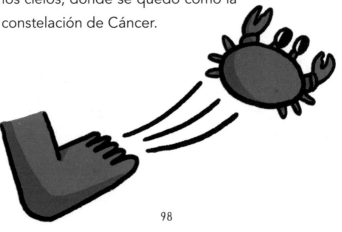

SÍMBOLO:
EL CANGREJO

Uno de los elementos más característicos de un cangrejo es su caparazón, que además de proteger su interior suave y vulnerable, también es su casa, un refugio que lleva consigo siempre y donde se siente seguro. De la misma manera, para Cáncer, el hogar es algo muy importante y necesita tener su espacio personal y seguro para recargarse y aislarse cuando lo necesite.

El otro elemento característico son sus tenazas, que nos dicen que aunque el cangrejo puede lucir tierno y sensible, tiene con qué defenderse y no dudará en hacerlo si lo intentas lastimar.

TÍPICO CÁNCER

ES MUY SENSIBLE Y SE TOMA TODO PERSONAL.

TE HACE SENTIR PROTEGIDO.

TE CONQUISTA POR EL ESTÓMAGO.

TIENE UNA INTUICIÓN PODEROSA.

DA LOS MEJORES ABRAZOS.

LIDERA A TRAVÉS DE SUS EMOCIONES.

ES LA MAMÁ DEL GRUPO.

SU LADO DARK

Cáncer es sensible, empático y protege con uñas y dientes a la gente que quiere. Pero como buen hijo de la Luna, sus emociones son cambiantes y si lo agarras en un bajón emocional y aparte traicionas el cariño que te ha dado, prepárate para sentir su lado irritable y agresivo.

El tierno cangrejito no dudará en hacerte pagar con sus tenazas. Y no servirá pedirle perdón, pues Cáncer nunca olvida si le haces daño, seguro tiene una lista con fecha y hora y cómo se sintió con cada cosa que le hiciste.

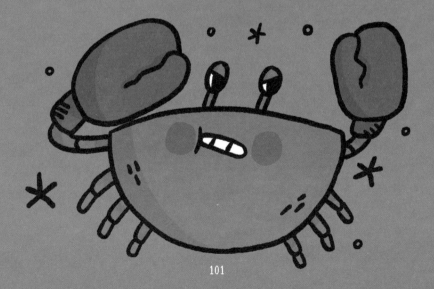

TE RETO A:

No tomarte las cosas demasiado personales.
Recuerda que no todo te lo dicen
con mala intención.

MANTRAS PARA CÁNCER

Me permito sentirme vulnerable ante los demás.

Estoy abierto a recibir la guía de mi intuición.

Soy sabio, amado y poderoso.

Me doy el permiso de sentir y fluir con mis emociones.

Estoy en contacto con mi energía femenina.

Mi aura irradia energía positiva.

LEO

Como el segundo signo de fuego, Leo también es un excelente líder que guía e inspira a los demás con su gran corazón. Dependiendo de la situación, Leo puede ser feroz y valiente, o tierno y sensible.

Leo es independiente y audaz, pero también sabe cómo proteger a sus seres queridos. Es el signo que rige la luz, la fuerza presente en todos nosotros y el lado creativo y divertido que todos llevamos dentro.

Es apasionado, generoso, optimista, compasivo y leal. Ama ser el centro de atención en la multitud y ser el protagonista de la película. Ama los cumplidos, así que hazle saber cada vez que se vea o haga algo bien.

**ELEMENTO:
FUEGO**

**MODALIDAD:
FIJO**

**PLANETA
REGENTE:
SOL**

**ARQUETIPOS:
REY, ACTOR,
CÓMICO,
PRESIDENTE**

CONSTELACIÓN

Ésta es una de las constelaciones más grandes y fáciles de reconocer en el cielo y, de hecho, fue de las primeras observadas desde las civilizaciones antiguas como la de Mesopotamia.

Simboliza un león, y su historia proviene de la mitología griega de la pelea entre Hércules y el temible León de Nemea, cuando dicho héroe tenía que realizar sus 12 trabajos.

MITO:

HÉRCULES CONTRA EL LEÓN DE NEMEA

Hay un mito griego sobre Hércules que cuenta que Hera lo volvió loco temporalmente para que matara a su familia. Y después, como castigo, el rey lo sentenció a realizar 12 trabajos imposibles.

108

El primero de esos trabajos fue matar al León de Nemea, un despiadado monstruo que aterrorizaba a toda la región y cuya piel era impenetrable, ningún objeto de cualquier material la podía atravesar.

Cuando Hércules se dio cuenta de esto, al estar peleando con él, decidió enfrentarlo a "puño limpio" al estilo lucha libre y finalmente logró estrangularlo y acabar con su vida. Y con sus mismas garras le quitó la piel y se la puso como armadura.

Su padre, Zeus, orgulloso y aliviado, decidió crear la constelación de Leo para representar a esta bestia caída.

SÍMBOLO:
EL LEÓN

Al igual que este animal, Leo es fuerte y seguro de sí mismo. Le gusta dirigir a su manada. Parece agresivo a simple vista, pero a este rey le gusta gobernar con compasión, pues tiene un corazón enorme. Es muy cariñoso y afectuoso.

Pero debe tener cuidado, porque si se descuida, su ego, orgullo y vanidad pueden crecer y hacerlo caer.

TÍPICO
LEO

SABE CÓMO HACER
UNA APARICIÓN
EN PÚBLICO.

SIEMPRE SE SALE
CON LA SUYA.

COMPARTE LOS
MEJORES MEMES.

BRILLA
Y GUÍA CON
SU LUZ PROPIA.

LE GUSTA
SER EL
JEFE.

DRAMA
QUEEN.

AMA DECLARAR
"TE LO DIJE".

SU LADO
DARK

Sí, Leo es el rey del zodiaco. Cuando vibra alto es ese líder que dirige a su reino hacia la abundancia y cuya corte lo ama y lo respeta, pues se lo ha ganado.

Pero si se te ocurre atacarlo y declararle la guerra, este generoso rey también puede volverse un dictador autoritario y tirano que no se tentará el corazón para ganarte la batalla. Él nunca se equivoca y te hará sentir todo su poder. Hará que termines inclinado ante él, pero no por respeto, sino por miedo, así que tú sabes si quieres meterte con él.

TE RETO A:

Escuchar a los demás. En vez de decirles cómo hacer las cosas, intenta ser tú el que siga sus consejos.

MANTRAS PARA LEO

Soy fuerte y valiente.

Le permito a mi corazón guiarme hacia mis objetivos.

Celebro la vida que he creado para mí.

Me acepto y me amo como soy.

Persigo mis sueños con valor y determinación.

Creo en mis ideas y mi instinto sin arrepentimientos.

VIRGO

Virgo tiene una mente muy analítica y crítica, no se le escapa ningún detalle, y rige la capacidad que todos tenemos de materializar lo que está en nuestra mente y nuestros pensamientos, pues está muy conectado con su lado racional.

Es organizado, disciplinado, perfeccionista y le encantan las rutinas y que nada se salga de su estructura y sus procesos. Le gusta que su vida funcione como un reloj al igual que su mente. Eso le genera paz y tranquilidad.

También es uno de los signos más serviciales y de los amigos más confiables. Es probable que si le pides cualquier favor, no se niegue y que no descanse hasta haberte ayudado a solucionar tu problema.

ELEMENTO:
TIERRA

MODALIDAD:
MUTABLE

PLANETA REGENTE:
MERCURIO

ARQUETIPOS:
ANALISTA, CONTADOR, MÉDICO, AYUDANTE

CONSTELACIÓN

Virgo es la segunda constelación más grande en el cielo y representa a Astrea, la diosa de la inocencia, la pureza y la justicia.

Su historia proviene de la mitología griega en la que se cuenta el inicio de la creación de la humanidad y de cómo los dioses abandonaron la Tierra, debido a una época oscura que se dio entre los humanos.

MITO:

ASTREA, LA DIOSA DE LA JUSTICIA HUMANA

Mitológicamente, a la constelación de Virgo se le ha asociado con Isis, la madre de los egipcios; con Ishtar, la diosa de la belleza en Babilonia; con Démeter y Astrea, diosas de la agricultura y de la justicia de los griegos, y hasta con la Virgen María.

Nosotros nos enfocaremos en la mitología griega, específicamente en la diosa Astrea, una titánide hija de Zeus y Temis, que representaba la justicia humana, la pureza, la inocencia y la precisión. A ella la confunden mucho con su hermana Dike, que era la diosa de la justicia moral.

A Astrea se le conoce por estar preocupada por el caos y desobediencia de los humanos en la Tierra, y de advertirles que si seguían con esas actitudes iban a ocasionar diversos peligros, pero nadie la escuchó ni la obedeció.

Debido a esto, Astrea se marchó y se refugió en las montañas, manteniendo la esperanza de que la humanidad en algún momento iba a cambiar, pero cuando esto no sucedió, sino que, al contrario, había más guerras y crímenes, decidió irse finalmente de la Tierra, y Zeus la ayudó a subir al cielo convertida en la constelación de Virgo.

Con eso se simbolizó que la justicia es un concepto inalcanzable y perfecto que no se puede conseguir por sí misma entre los humanos, quienes la corrompen con su egoísmo. Astrea también simboliza que la justicia es pura en sí misma y que es el ser humano quien modifica su esencia y la usa en su propio beneficio.

SÍMBOLO:
LA DONCELLA / LA VIRGEN

Una de sus principales características es su amor por la pureza y la pulcritud. Tiene una gran lealtad e intenciones transparentes cuando se trata de ayudar a los demás, y le gusta recibir respeto y apreciación por lo que hace.

Son personas muy serviciales, ya sea con amigos o extraños. Una vez que ganas su confianza, aunque parezca frío y distante por fuera, verás que es afectuoso, gentil y cálido.

TÍPICO
VIRGO

FRÍO POR FUERA, PERO
TE AMA POR DENTRO.

OBSERVADOR Y
DETALLISTA.

LA NIÑA DE LOS
PLUMONES.

OVERTHINKER POR
EXCELENCIA.

MUY
INTELIGENTE.

DA BUENOS
CONSEJOS.

ALGO
INTROVERTIDO.

SU LADO
DARK

Virgo es uno de los signos más serviciales del zodiaco, pídele ayuda y buscará cómo dártela al instante. Él resolverá tu problema y te dirá en dónde estuvo la falla.

Pero, así como sabe cómo ayudar a su gente querida, también sabe exactamente cuál es el punto débil de la gente que se atrevió a meterse con él y querer dañarlo. Su perfeccionismo y atención al detalle harán que critique hasta tus más mínimos defectos, resaltándolos al punto de sacar tus más profundas inseguridades. Él te tiene leído como rayos X y sabrá dónde atacar, así que no te conviene como enemigo.

TE RETO A:

No ser tan crítico contigo mismo o los demás.
Acepta las imperfecciones del mundo
que te rodea.

MANTRAS PARA VIRGO

Acepto todas mis imperfecciones y me amo como soy.

Atiendo primero mis problemas, antes que los de los demás.

Me atrevo a expresar mis emociones sin temor.

Confío en los demás y acepto su consejo.

Tengo seguridad en mis talentos y capacidades.

Mi cuerpo, mente y espíritu están sanos y en armonía.

LIBRA

Libra es el signo que rige la justicia, la armonía, las negociaciones y la diplomacia, pero también el buen gusto, la belleza y el lado romántico de la vida. Su vibra pacífica y carismática hace que todos quieran ser sus amigos.

Y es que no solamente es raro que los veas provocando algún conflicto, sino que, al contrario, son los más objetivos al momento de resolverlos. Pueden ser el mejor árbitro o el mejor juez.

Tienen mucho estilo y saben cómo verse bien y cómo verse elegantes y *aesthetic*. Se dice que son muy indecisos, pero no es porque no sepan lo que quieren, sino porque buscan asegurarse de tomar la decisión correcta y de sacar lo mejor de cada situación.

ELEMENTO: AIRE

MODALIDAD: CARDINAL

PLANETA REGENTE: VENUS

ARQUETIPOS: POETA, ARTISTA, PACIFISTA, DIPLOMÁTICO

CONSTELACIÓN

Las estrellas de esta constelación forman un gran trián-gulo con dos líneas rectas a los lados, lo que asemeja la figura de una balanza antigua (es la única constelación que simboliza un objeto inanimado, en vez de algún personaje o animal).

Antiguamente era parte de la constelación de Escor-pio y se decía que los "brazos" de la balanza eran las tenazas de dicho signo, pero fueron los romanos quienes la hicieron una constelación indepen-diente asociándola con la justicia, la ar-monía y el equilibrio.

MITO:

¿LA BALANZA DE ASTREA O LAS TENAZAS DEL ESCORPIÓN?

Esta constelación no tiene una mitología propia, sino que desde tiempos antiguos ha sido identificada como parte de otras constelaciones como la de Escorpio.

Fue hasta la época de los romanos cuando ellos decidieron separarla y nombrarla como la doceava constelación del zodiaco, asociándola a la balanza que cargaba la diosa Astrea, por ello, el mito de Libra sería el mismo que el de Virgo. Los romanos le dieron gran importancia al concepto de justicia y a la balanza que la representa. Era tan importante para ellos, que hasta decían que la fundación de Roma se dio cuando la Luna estaba en Libra.

Por tal razón, aunque esta cultura era conquistadora, siempre aspiró a buscar el equilibrio, la justicia y la armonía, y por ello surgió el periodo histórico de la república romana.

Y aunque se han tratado de asignar diversos mitos que por las características de los personajes o las circunstancias de la historia tienen relación con Libra, la verdad es que en ninguno de éstos se explica específicamente el origen de la constelación.

Así que, quedémonos con que Libra equilibra las características "civilizadas" de Virgo y las "salvajes" de Escorpio, pero con una energía extrovertida, mental, pero muy carismática.

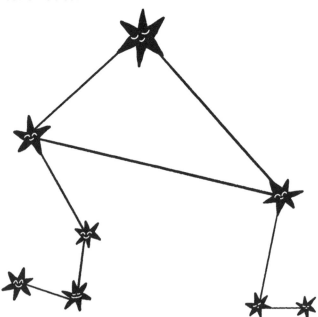

SÍMBOLO:
LA BALANZA

Libra ("balanza" en latín) representa el equilibrio y la justicia. Y justo como este objeto, a las personas de este signo les gusta medir los pros y contras de cada situación antes de decidir.

Libra también es refinado y educado. Demuestra su diplomacia, elegancia y su gracia con sus seres queridos. Y al tener un alto sentido de la justicia, defenderá lo que es correcto, cueste lo que cueste.

TÍPICO LIBRA

CONFUNDEN SU AMABILIDAD CON COQUETEO.

CONOCE A TODOS LOS DE LA FIESTA.

HACE AMIGOS FÁCILMENTE.

SIEMPRE TE DIRÁ CUANDO ALGO ESTÁ MAL.

EL MÁS CARISMÁTICO.

TIENE BUEN GUSTO.

ES SÚPER CULTO.

SU LADO
DARK

Seguramente creerás que si atacas y hieres a este signo que busca la armonía y el balance en su entorno, no te hará nada para evitar la confrontación y tú saldrás ganando, pero te equivocas.

Debajo de su fachada "superficial y vanidosa", Libra tiene gran intelecto y sagacidad, y puede llegar a ser muy calculador si se trata de planear cómo vencerte. Y lo hará sin duda para equilibrar la balanza. Este juez se volverá el más duro verdugo que no dudará en hacerte saber cuáles fueron tus crímenes y sentenciarte para pagar por ellos.

TE RETO A:

Aprender a decir que no. En vez de complacer a todos, piensa primero en lo que quieres tú.

MANTRAS PARA LIBRA

Estoy en armonía con el universo.

Expreso mis ideas sin juzgar a los demás.

Me amo, y me pongo a mí como prioridad.

Mis relaciones son equilibradas y amorosas.

Suelto todos los pensamientos negativos
que tengo sobre mí.

Soy amable y tomo en cuenta los sentimientos
del otro.

ESCORPIO

Escorpio es uno de los signos menos comprendidos o estigmatizados del zodiaco. Lo tachan de tóxico y peligroso, pero la verdad es que siempre te escucha y te aconseja con sabiduría y es uno de los mejores guías espirituales que existen. Su magia es muy sanadora.

Sí, es misterioso, calladito, pero muy emocional y apasionado. Y también es uno de los amigos más leales que tendrás. Nunca te juzgará por nada, y tiene un magnetismo que hipnotiza y te atrae, pero que al mismo tiempo te hace sentir seguro a su alrededor. Como que transmite esa *vibe* de que tiene todo bajo control.

Y es que no le tiene miedo a nada, ni siquiera a los cambios y transformaciones profundas. Escorpio sabe que todos tenemos el poder para enfrentar cualquier reto que el universo nos ponga.

ELEMENTO:
AGUA

MODALIDAD:
FIJA

PLANETA REGENTE:
PLUTÓN Y MARTE

ARQUETIPOS:
INVESTIGADOR, ESPÍA, PSIQUIATRA, CHAMÁN

CONSTELACIÓN

Escorpio es una constelación con muchas estrellas brillantes que forman una línea curva trazando una letra "S",
y dos líneas que semejan las dos tenazas del animal que
representa.

La mitología de esta constelación tiene que ver con
el animal que fue enviado por Artemisa para matar
al famoso cazador, Orión, quien presumía que
podía acabar con cualquier monstruo.

MITO:

ORIÓN Y EL ESCORPIÓN

Su mitología tiene que ver con Orión, quien también tiene una constelación en el cielo. Este personaje, hijo de Poseidón, era un excelente cazador, considerado un héroe.

Orión tenía un *bromance* con Enopión, rey de la isla de Quíos, y para quedar bien con él, fue a retar a Artemisa, diosa de la cacería, presumiéndole que él podía matar a cualquier animal sobre la Tierra.

Gea, la Madre Tierra, lo escuchó y para darle una lección, creó un escorpión gigante y lo envió para acabar con Orión con una picadura de su aguijón venenoso. Y hay otra versión que dice que fue Apolo, hermano de Artemisa, quien creó el escorpión.

Finalmente, Artemisa intercedió ante su padre Zeus, para que pusiera en el cielo tanto a Orión como al escorpión en forma de constelaciones, aunque se colocaron en extremos opuestos de la bóveda celeste, de modo que cuando Escorpio asciende por el horizonte, Orión se oculta huyendo del animal que causó su muerte.

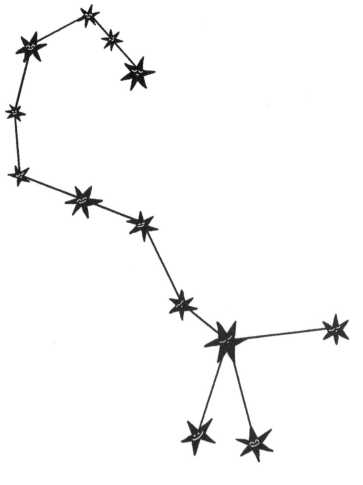

SÍMBOLO:
EL ESCORPIÓN

Cuando se siente abrumado por sus emociones se arrastra y se esconde en un lugar oscuro y silencioso. Aman su tiempo y espacio a solas. Pero aun así, siempre están alerta para atacar con su aguijón a quienes lo amenacen. Pero justo eso: ataca en defensa propia, no lo hace por placer.

¿Y te cuento algo que tal vez no sabías? A Escorpio no sólo se le asocia con el escorpión. Debido a sus energías arquetípicas, también se le asocia con la serpiente, símbolo de sabiduría y conocimiento; con el águila, símbolo de fuerza y poder dominante, y con el ave fénix, símbolo de renovación y renacimiento. Todas ésas son energías muy escorpianas.

TÍPICO ESCORPIO

SI SE LA HACES, SE LA PAGAS.

TIENE SECRETOS OCULTOS.

SU INTUICIÓN SABE CUANDO ESTÁS MINTIENDO.

SERIECITO POR FUERA, PERO EMOCIONAL POR DENTRO.

TE INTIMIDA CON LA MIRADA.

ES SÚPER INTENSO.

SIEMPRE LOGRA LO IMPOSIBLE.

SU LADO
DARK

Escorpio es de los signos más leales del zodiaco. Gánate su amor y confianza y será tuyo para siempre.

Pero con una sola traición que le hagas, olvídate de él, porque no da segundas oportunidades. ¿Lo decepcionaste? Bye, has dejado de existir para él. Y aprende a vivir con el miedo de sentir el ataque de su aguijón, porque planeará su implacable, despiadada, malvada y genial venganza, cuando menos pienses. Él no esperará a que el karma te lo cobre, él es el karma.

TE RETO A:

No ser tan extremista. No todo es blanco o negro, acepta que también hay grises y eso no es malo.

MANTRAS PARA ESCORPIO

Me enfoco sólo en las cosas que puedo controlar.

Perdono y suelto todos mis resentimientos.

Me permito transformarme y evolucionar sin miedo.

Expreso lo que siento y lo que pienso.

Fallar no me hace débil, me hace más sabio.

Mi intuición me indica el camino a seguir.

SAGITARIO

Sagitario es el signo inquieto por excelencia, siempre nos inspira a movernos de donde estamos y no quedarnos en nuestra zona de confort. Nos hace saber que hay que vivir en un constante crecimiento y evolución. Es aventurero, aventado y muy apasionado.

También es un excelente maestro, no sólo de conocimiento, sino de vida, ¡es el más sabelotodo! Y así como ama aprender, también ama enseñar todo lo que sabe. Su personalidad es extrovertida, relajada, optimista y amigable. Es ese amigo que siempre tiene plan para todo.

Ama la libertad y la independencia, por lo que tiene la fama de que no se compromete en sus relaciones. Pero la verdad es que lo único que necesita es que le des su espacio y que no lo limites. Confía en él y siempre estará a tu lado.

ELEMENTO:
FUEGO

MODALIDAD:
MUTABLE

PLANETA REGENTE:
JÚPITER

ARQUETIPOS:
MAESTRO, FILÓSOFO, PEREGRINO

CONSTELACIÓN

Las estrellas de esta constelación, cuya posición apunta hacia el centro de la vía láctea, forman una silueta intrincada y compleja, trazan al centauro (mitad humano-mitad caballo) sosteniendo su arco y flecha que todos conocemos.

Ese centauro es un personaje no sólo de la mitología griega, sino también de las culturas de Mesopotamia o Babilonia, y a veces se le confunde con Quirón, otro centauro mitológico, pero no son el mismo.

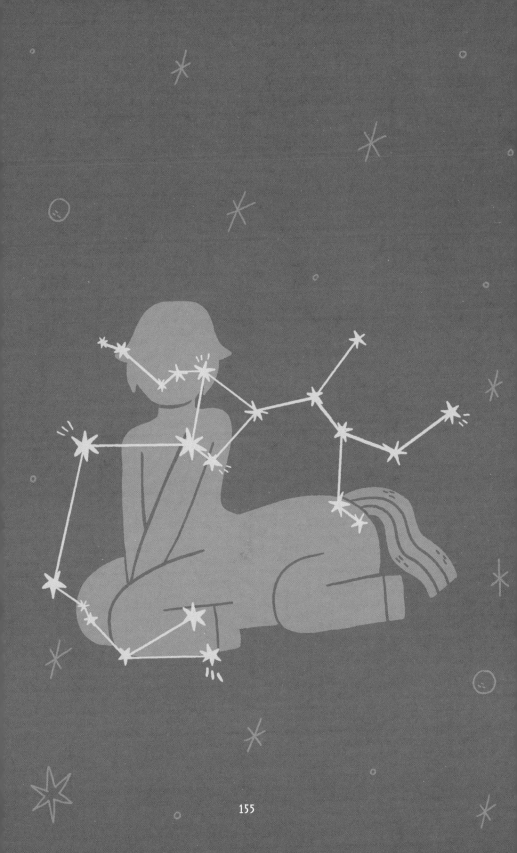

MITO:

QUIRÓN,
EL CENTAURO CIVILIZADO

Los centauros eran esos seres mitológicos salvajes, fuertes y agresivos, pero Quirón no era como ellos, al contrario, él era civilizado y educado.

Esto porque, después de haber quedado huérfano cuando su padre Cronos fue derrotado en una guerra, el dios Apolo se compadeció y lo crio como su hijo, enseñándole todo el conocimiento posible, volviéndolo un sabio en cacería, filosofía, música, arte y medicina.

Quirón se volvió un magnífico educador y protector de grandes héroes, y aunque era inmortal por ser hijo de Cronos, en una guerra entre centauros y humanos recibió una flecha que le causó una herida insoportablemente dolorosa que nunca pudo sanar.

Finalmente sacrificó su inmortalidad para salvar a Prometeo, quien había sido castigado por Zeus por robar el fuego, y para honrar ese acto compasivo fue subido al cielo para formar la constelación de Sagitario.

SÍMBOLO:
EL CENTAURO / ARQUERO

El centauro simboliza la unión o equilibrio entre la fuerza, empuje y espíritu indomable y aventurero del animal, y la sabiduría, conciencia y habilidad de filosofar del ser humano.

Sagitario es directo y dice lo que piensa a veces con cierta imprudencia. La flecha del arquero representa la verdad, y así como la apunta, la dispara. Sí, Sagitario inspira a los demás a expandir sus horizontes, pero también te dirá lo que es sin endulzar las cosas. Se dice que la flecha también simboliza las aspiraciones humanas y la necesidad de buscar qué hay más allá de lo que alcanzamos a ver a simple vista.

TÍPICO
SAGITARIO

LE BUSCA EL LADO BUENO A TODO.

SU RISA DA MÁS RISA QUE EL CHISTE.

NO SE TOMA LA VIDA TAN EN SERIO.

PLANEA VIAJES A LOS QUE NADIE VA.

SABE MUCHO DE TODO.

TE ENSEÑA A DISFRUTAR LA VIDA.

INSPIRA CON SU INICIATIVA.

SU LADO
DARK

Seguramente has de decir: ¿a poco Sagitario puede tener un lado oscuro si es tan optimista, alegre y relajado,
tan sabio e inteligente? Y la respuesta obviamente es SÍ.

Atrévete a atacar a Sagitario y no sólo su mitad huma-
no-arquero sabrá disparar sus flechas exactamente en
donde te duele, sino que su mitad caballo descargará
toda su furia indomable, impetuosa, violenta e impru-
dente contra ti, aunque tenga que patearte y galopar encima tuyo. ¿Creías que toda su energía e hiperactividad
no puede canalizarla en tu contra? Sí puede.

TE RETO A:

Ser más organizado y responsable. Intenta no cancelar esa cita, cumple los plazos que te pongas.

MANTRAS PARA SAGITARIO

Persigo mis sueños sin temor.

Expando mis horizontes con amor y pasión.

Acepto y agradezco mi fortuna y abundancia personal.

Mi espíritu está listo para las aventuras que
el universo me dé.

Enfrento las situaciones viendo el lado positivo
y el aprendizaje.

La vida es muy corta para no vivirla y disfrutarla.

CAPRICORNIO

Capricornio es el signo que rige el tiempo, los límites y la restricción, los valores, compromisos y tradiciones. Ama la estabilidad y la estructura. Con todo esto, te enseña e inspira a emprender, a planear y a alcanzar cada meta que te propongas.

Es maduro, ambicioso, centrado, responsable, firme y muy disciplinado. No le gusta andarse con rodeos y siempre sabe cómo alcanzar sus objetivos. Y si no lo sabe, averiguará cómo hacerlo sin problema.

Y sé que por ello, tiene fama de ser algo frío, calculador e introvertido, pero es que está tan ocupado que sólo expresa lo que considera necesario, o sea, ¡va directo al grano! Realmente tiene un gran corazón y es de las personas más buenas y generosas que hay, nada más tienes que comprenderlo y saber cómo ganar su confianza.

ELEMENTO: TIERRA

MODALIDAD: CARDINAL

PLANETA REGENTE: SATURNO

ARQUETIPOS: EMPRESARIO, JEFE, PATRIARCA

CONSTELACIÓN

Es la más pequeña de las constelaciones zodiacales, y sus estrellas forman una silueta triangular de trazo irregular.

Hay diferentes versiones sobre el origen mitológico de la cabra marina que representa, pero el más reconocido es el de Amaltea, la ninfa que cuidó a Zeus cuando era un bebé, protegiéndolo de las amenazas de su padre.

MITO:

AMALTEA, LA CABRA MARINA

La mitología de Capricornio viene de una ninfa con forma de cabra marina llamada Amaltea, quien era la niñera de Zeus cuando él era un bebé y su madre, Rea, lo escondía de su padre, Cronos, para que no lo devorara igual que a sus otros hijos.

Amaltea alimentaba a Zeus con su leche y de sus grandes cuernos también brotaba néctar y ambrosía (alimentos que le daban a los dioses su inmortalidad). Un día, Zeus jugaba con ella cuando, por accidente, le rompió un cuerno con su gran fuerza y sopló la punta como si fuera una trompeta.

Al momento de hacerlo, brotaron frutas, flores, semillas, leche, miel y otras riquezas ilimitadas. A este cuerno se le conocería después como la cornucopia o cuerno de la abundancia, y las otras ninfas viajaban por el mundo entregando las riquezas que salían de él.

Se cuenta que Amaltea envejeció y, al momento de morir, Zeus la subió al cielo como recompensa por su digna labor y así creó la constelación de Capricornio.

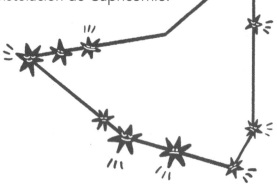

SÍMBOLO:
LA CABRA MARINA

El símbolo de Capricornio fusiona dos animales: la cabra de montaña y un pez o criatura marina. La cabra de montaña representa la determinación, fuerza y ambición para escalar cualquier cumbre y llegar exitosamente a la cima del objetivo que se ponga, y la cola de pez representa sabiduría y voluntad para nadar contracorriente o sumergirse en lo profundo de sus pensamientos o emociones.

Así como estos dos animales, Capricornio es determinado, firme y muy práctico. Tiene un fuerte sentido de propósito y un espíritu incansable.

TÍPICO
CAPRICORNIO

VOLUNTAD
DE ACERO.

TE DICE LAS
COSAS SIN
FILTRO.

SABE LO QUE
QUIERE.

SIEMPRE
ESTÁ
AHORRANDO
PARA ALGO.

"QUÍTATE,
YO LO HAGO".

MISTERIOSO
Y SEXY.

EL MÁS
PRODUCTIVO Y
WORKAHOLIC.

SU LADO
DARK

Capricornio es un signo admirable a quien hay que aprenderle su determinación y espíritu de lucha y superación, y sí, sí hay sentimientos detrás de esa fachada dura que tiene, aunque no lo creas.

Y precisamente por eso, si se te ocurre lastimar esos sentimientos, traicionar su confianza o avergonzarlo ante los demás, prepárate, pues no se tocará el alma ni su corazón de hielo para destruirte cruelmente. El que terminará avergonzado serás tú, pues puede ser el más despiadado cuando se lo propone.

TE RETO A:

No ser tan duro contigo mismo. Recuerda
que soltar el control de vez en cuando
es bueno.

MANTRAS PARA CAPRICORNIO

Soy fuerte y exitoso. Merezco el éxito que llega a mí.

Soy perfectamente imperfecto.

Los obstáculos son las lecciones que me hacen
más sabio.

Alineo mis metas con el universo.

Está bien ser vulnerable y expresar mis emociones.

Equilibro el trabajo con el descanso sin sentir culpa.

ACUARIO

Acuario es un signo súper alivianado, de mente abierta, visionaria e innovadora. A veces se puede ir al extremo rebelde y revolucionario, pero lo hace sobre todo cuando sabe que hay alguna injusticia o idea que ya no puede ser aceptada.

Es muy inteligente y analítico. Tiene una gran imaginación y a veces parece que siempre sabe qué es lo que va a suceder. ¡Siempre va un paso adelante! Acuario también rige sobre la astrología, la tecnología y la ciencia en general.

También es un signo que se lleva bien con todas las personas, es el que mantiene tu grupito de amigos unido. Aunque muchas veces también necesita aislarse de todos para descansar y recargar sus energías, así que no te tomes personal si de repente te deja en visto por una semana.

ELEMENTO:
AIRE

MODALIDAD:
FIJA

PLANETA REGENTE:
URANO Y SATURNO

ARQUETIPOS:
INVENTOR, REVOLUCIONARIO, HUMANITARIO

CONSTELACIÓN

Es una de las constelaciones más antiguas. Acuario significa en latín "el aguador", y aunque hay muchas historias asociadas con el acomodo de sus estrellas, la más aceptada es la de Ganímedes, un príncipe troyano que terminó trabajando como aguador oficial de los dioses del Olimpo.

MITO:

GANÍMEDES, EL COPERO DIVINO

Acuario está asociado con la mitología de Ganímedes, un hermoso príncipe, hijo del rey de Troya, quien un día, al estar cuidando el ganado de su padre, fue raptado por Zeus, quien, enamorado de su belleza, se convirtió en un águila para lle- várselo al Olimpo.

Ahí lo convirtió en el "copero" de los dioses, es decir, el encargado de mantener las copas de los dioses llenas de néctar, vino y ambrosía, la bebida que mantenía inmortales a los dioses. Zeus compensó al padre de Ganímedes por la pérdida de su hijo con diversos regalos mágicos y materiales.

Sin embargo, un día Ganímedes, cansado de su es-
clavitud, se rebeló y derramó todo el líquido de su ja-
rra sobre la Tierra, causando una gran inundación. Pero
Zeus, de tanto que lo quería, no pudo casti-
garlo por lo que hizo, sino que lo puso en
el cielo como la constelación de Acuario,
representando su espíritu independiente y audaz.

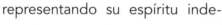
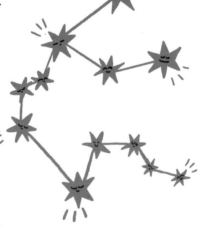

SÍMBOLO:
EL AGUADOR

El símbolo del aguador es el que causa mucha confusión y hace que mucha gente piense que Acuario es un signo de agua, pero es un signo de aire. Y es que el agua que este personaje vierte de su recipiente simboliza la verdad, el conocimiento, la sabiduría o las nuevas ideas. Todas características del elemento aire.

Acuario es un signo humanitario y entregado al colectivo, a la sociedad, dispuesto a sacrificar su individualidad por los otros. Por ello, el aguador comparte todas las cualidades de su agua con los demás, no se queda con ellas, sino que se las da al mundo.

TÍPICO
ACUARIO

SÚPER
INTELIGENTE.

HACE LO
CONTRARIO
A LOS DEMÁS.

TE CONOCE
MEJOR QUE
TÚ MISMO.

AMA LAS
TEORÍAS
CONSPIRATIVAS.

ES MUY
OPEN-MINDED.

ES EL MÁS
AFERRADO
A SUS IDEAS.

SI TE DICE
QUE QUIERE
ESTAR SOLO,
HAZLE CASO.

SU LADO
DARK

Como amigo es de los mejores, y sus preocupaciones por el bienestar de los demás son auténticas. Pero si sabe que estás tratando de hacerle daño, Acuario tiene la habilidad de desenchufar su corazón y emociones, y defenderse con todo.

Te ganará con lo que mejor sabe hacer: discutiendo, lanzándote argumentos, palabras, análisis, datos y todo tipo de información que sea evidencia de lo que has hecho. Y lo hará hasta frustrarte por no poder ganarle. Y su estocada final será la indiferencia más gélida y distante que jamás habrás sentido. *Sorry for you*!

TE RETO A:

Aceptar que no lo sabes todo.
No pasa nada si en algo no tienes
la razón.

MANTRAS PARA ACUARIO

Si cambio mi perspectiva, cambio mi realidad.

Mis ideas innovadoras ayudan a cambiar al mundo.

Expreso mi verdad para darle voz a los que no pueden.

Yo decido mi futuro. Sé hacia dónde ir y cómo llegar.

Tengo la sabiduría e inteligencia para inspirar
a los demás.

Soy auténtico y fiel a mí mismo.

PISCIS

Piscis es el último signo de agua del zodiaco. Rige la magia, la manifestación, las vidas pasadas y la evolución del alma y la espiritualidad en general. Es el más sensible, soñador, empático y dulce.

Es amante de la paz y no le gusta el conflicto porque puede absorber fácilmente la energía negativa de los demás y eso puede llegar a ser muy abrumador en lo emocional. Es tranquilo, bondadoso y compasivo.

Como buen signo de agua, también tiene una gran intuición y puede llegar a ser un gran psíquico, pues está conectado entre la vida espiritual y terrenal, y siente y puede ver más que los demás. Así que siempre hazle caso a su consejo.

ELEMENTO:
AGUA

MODALIDAD:
MUTABLE

PLANETA REGENTE:
NEPTUNO Y JÚPITER

ARQUETIPOS:
SOÑADOR, PSÍQUICO, MÍSTICO

CONSTELACIÓN

Es una de las constelaciones más grandes en el cielo y fue una de las primeras en ser identificadas desde los tiempos antiguos. Sus estrellas forman la figura de un polígono y un triángulo en sus extremos, unidos por una línea en forma de "V". Los babilonios la veían como un par de peces amarrados por un cordón.

Su contexto mitológico cuenta que los peces que representan son los dioses Afrodita y Eros, quienes se amarraron con una cuerda y se convirtieron en peces para huir por un río de un monstruo.

MITO:

TIFÓN Y LOS PECES

Su mitología tiene que ver primero con una gran guerra llamada Titanomaquia, en la que Zeus y los dioses olímpicos derrotaron a los titanes que gobernaban el mundo y los encerraron como prisioneros. Pero la madre de los titanes, Gea, intentó tomar venganza, dando a luz a uno de los monstruos más feroces que existieron: Tifón.

Tifón consiguió llegar al Olimpo para atacar a los dioses, pero ellos lograron transformarse en diferentes animales para poder huir y pasar desapercibidos, ya que no podían enfrentarlo, pues era más poderoso que ellos.

Afrodita y Eros, dioses de la belleza y el amor, no se dieron cuenta del ataque porque estaban bañándose en un río, pero cuando fueron sorprendidos por el monstruo, lograron escapar también, convirtiéndose en peces para nadar por el río, amarraron sus aletas para no perderse.

Se dice que posteriormente, y una vez que Tifón fue derrotado, los peces fueron colocados en el cielo como la constelación de Piscis para conmemorar que la belleza y el amor universal pudieron ser salvados.

SÍMBOLO:
LOS PECES

Los dos peces nadando en direcciones contrarias representan la dualidad del ser humano. Los peces luchan entre ser espirituales y terrenales al mismo tiempo, es decir, están atados al mundo material, mientras trascienden.

Piscis es como un puente entre esos dos mundos, es decir, un mediador entre ellos. Por eso, también es el signo de la empatía. Piscis es el más compasivo del zodiaco al representar el amor universal, el perdón y la comprensión.

TÍPICO
PISCIS

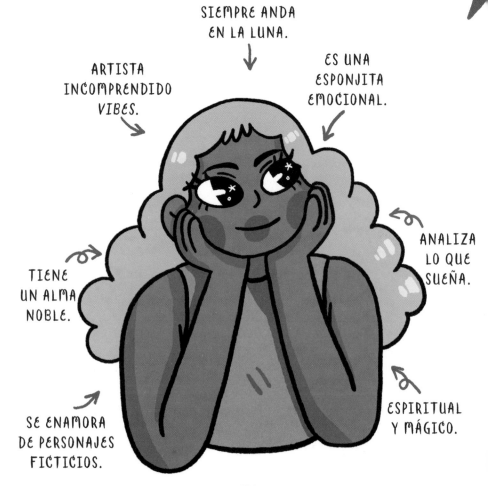

SIEMPRE ANDA
EN LA LUNA.

ES UNA
ESPONJITA
EMOCIONAL.

ARTISTA
INCOMPRENDIDO
VIBES.

ANALIZA
LO QUE
SUEÑA.

TIENE
UN ALMA
NOBLE.

SE ENAMORA
DE PERSONAJES
FICTICIOS.

ESPIRITUAL
Y MÁGICO.

SU LADO DARK

No te vayas con la imagen de que este lindo pececito es débil e indefenso por su sensibilidad y empatía. Precisamente por esa empatía, Piscis tiene el poder de conocer tus malas intenciones y malas vibras antes de que digas una palabra.

Y si se da cuenta de ello, sentirás la ira de Poseidón sobre ti. Recuerda que, aunque el mar se vea en calma en la superficie, también tiene un poder de destrucción impresionante. Este escurridizo pececito se puede convertir en el tiburón más destructivo y caótico que hayas conocido.

TE RETO A:

No evadir los problemas que se te presentan.
Trata de enfrentarlos y resolverlos.

MANTRAS PARA PISCIS

Conecto y fluyo con mis emociones y escucho
lo que me dicen.

Decido amarme como soy y tener seguridad en mí.

Todo lo que está en mis sueños, se vuelve realidad.

Me rindo ante la magia que el universo tiene para mí.

Conecto con mi intuición y bloqueo las malas energías.

Aunque fluyo con el cambio, estoy a cargo
de mis decisiones.

CAPÍTULO 5

PLANETAS ASTROLÓGICOS

Ahora que ya conoces los 12 signos zodiacales, cuyas energías responden a la pregunta "¿cómo?", llegó el momento de revisar la siguiente pieza de la carta natal: los planetas astrológicos, cuyas energías responden a la pregunta "¿qué?".

Los planetas son importantes para la astrología porque son cuerpos celestes que "allá arriba" **emiten su energía expresada en diferentes fuerzas,** patrones y principios básicos del universo, además —como nosotros somos parte de ese universo interconectado— esos patrones que hacen con su movimiento influyen en nuestras energías internas, nuestras motivaciones e impulsos.

Algo que ha ayudado a comprenderlos es visualizar a los planetas como personajes o como actores que interpretan un papel. Así, es más fácil asociarlos con un arquetipo o deidad mitológica para aprendernos sus características principales.

Los planetas astrológicos son diez: **Sol, Luna, Mercurio, Venus, Marte, Júpiter, Saturno, Urano, Neptuno y Plutón.** Y sí, sé que tú también pensaste: "El sol y la luna no son planetas", pero déjame aclarar que en astrología sí se les clasifica así debido a que su energía actúa de la misma manera. Obviamente en términos científicos o astronómicos, no son planetas, pero astrológicamente, sí.

Al igual que los signos, los planetas astrológicos también se clasifican:

PLANETAS PERSONALES:
SOL, LUNA, MERCURIO, VENUS Y MARTE.

Y aquí, a su vez, al Sol y Luna se les conoce también como las **Luminarias, por ser los cuerpos más brillantes** en el cielo y por la importancia que tienen en nuestro *Big 3*, o en la carta natal, en general.

Los planetas personales representan las fuerzas, motivaciones e impulsos más palpables de nuestra naturaleza humana.

PLANETAS SOCIALES:
JÚPITER Y SATURNO.

Representan los procesos de socialización que tenemos en nuestros contextos familiares, laborales, educativos, y sociales, en general.

PLANETAS GENERACIONALES: URANO, NEPTUNO Y PLUTÓN.

También se les conoce como planetas colectivos, trans-personales o modernos, y su movimiento es tan lento que pueden durar hasta una generación entera en cambiar de un signo a otro. **Representan ideales y tendencias políticas y colectivas de la sociedad** en las diferentes épocas de la humanidad.

Todos tenemos los 10 planetas en nuestra carta natal, y cada uno representa un principio universal que existe dentro de ti y en el mundo que te rodea. Las relaciones dinámicas entre los planetas en tu carta conforman el corazón de tu personalidad.

La carta natal de cada persona contiene todos los planetas, pero de una carta a otra, éstos ocupan diferentes signos zodiacales y diferentes casas, y tienen diferentes relaciones o conexiones entre ellos. Hay planetas que rigen a un signo zodiacal, planetas que rigen un signo y son corregentes de otro, y planetas que rigen por igual a dos signos. Esto se ha ido adaptando con los años, conforme se fue descubriendo la existencia de los planetas modernos.

Te cuento qué representa cada uno de manera general:

SOL

Este planeta, una cara de las dos Luminarias, simboliza el núcleo central del ser, la identidad y propósito de vida. A través de su brillo potencia la vitalidad, poder creativo, autoridad interior, autodesarrollo y la autoestima. Encarna el YO (¿quién soy?), el cual se expresa a través del ego. Recuerda que el Sol nos refiere a la energía vital y su expresión, el ser consciente y la estructura básica principal. Nos habla del poder, cómo nos relacionamos con él y cómo lo manejamos.

ASOCIACIÓN MITOLÓGICA: HELIOS
SIGNO AL QUE RIGE: LEO
SÍMBOLO: ☉
PALABRA CLAVE: INDIVIDUALIDAD
ARQUETIPO: EL REY

LUNA

Esta Luminaria representa los sentimientos, las emociones y su expresión, nuestra reacción instintiva (el inconsciente), en otras palabras, el YO interior, los ciclos y la vida íntima, la familiaridad, el alma (psique), el ser subconsciente (memoria emocional). Satisface

esa necesidad que tenemos como seres humanos de una naturaleza protectora y de seguridad. La relacionamos con los primeros momentos de vida, el hogar, la nutrición, la maternidad y fertilidad.

ASOCIACIÓN MITOLÓGICA: SELENE
SIGNO AL QUE RIGE: CÁNCER
SÍMBOLO: ☾
PALABRA CLAVE: EMOCIONES
ARQUETIPO: LA MADRE

MERCURIO

Este planeta comprende la comunicación y expresión (hablada y escrita), las ideas, opiniones, el intelecto, el pensamiento, el razonamiento, el aprendizaje, los estudios y la forma de percibir el entorno, pero también la curiosidad, la jovialidad, el espíritu inquieto y travieso. Lo relacionamos con el intercambio, el comercio, los viajes cortos, el poder de convencimiento, la conexión social y relaciones públicas.

ASOCIACIÓN MITOLÓGICA: HERMES
SIGNOS A LOS QUE RIGE: GÉMINIS Y VIRGO
SÍMBOLO: ☿
PALABRA CLAVE: COMUNICACIÓN
ARQUETIPO: EL MENSAJERO

VENUS

Simboliza el amor, la belleza y su apreciación, lo que se manifiesta en el arte, nuestros valores estéticos, los placeres, la sensualidad, los lujos, la atracción y deseos sexuales. Guía nuestros impulsos para relacionarnos e interactuar con otras personas, los gustos en parejas y cómo expresamos el romance, amor y afecto. También nos habla del dinero, el hedonismo, el valor propio, la armonía, la elegancia y la diplomacia.

ASOCIACIÓN MITOLÓGICA: AFRODITA
SIGNOS A LOS QUE RIGE: TAURO Y LIBRA
SÍMBOLO: ♀
PALABRA CLAVE: RELACIONES
ARQUETIPO: LA AMANTE

MARTE

La potencia de este planeta se refleja en la capacidad para iniciar y emprender, la energía dirigida, la impulsividad, la energía sexual. Lo definen su espíritu de lucha, la competitividad y la búsqueda y persecución de objetivos, aunque también sobresalen la sobrevivencia, la autoafirmación y la motivación para hacer las

cosas. En Marte, la agresión o conflicto se convierten en fuerza aprovechable; es el mejor momento para sacar a relucir la capacidad de actuar y reaccionar, el valor y coraje para persistir.

ASOCIACIÓN MITOLÓGICA: ARES
SIGNO AL QUE RIGE: ARIES
SIGNO AL QUE CORRIGE: ESCORPIO
SÍMBOLO: ♂
PALABRA CLAVE: ACCIÓN
ARQUETIPO: EL GUERRERO

JÚPITER

Su significado se basa en el principio de la expansión y el crecimiento trascendental, que va estrechamente ligado con la generosidad y la sociabilidad. En este planeta habitan e interactúan conceptos como la ética, la moral, la religión, la filosofía, la política, la fe. Nos muestra frutos como la fortuna, confianza, aventura, abundancia, oportunidades y bendiciones. Inspirado en el espíritu de libertad y de superación, alimenta el entusiasmo, el optimismo y el deseo de aprender, conocer y experimentar siempre más.

ASOCIACIÓN MITOLÓGICA: ZEUS
SIGNO AL QUE RIGE: SAGITARIO
SIGNO AL QUE CORIGE: PISCIS

SÍMBOLO: ♃

PALABRA CLAVE: EXPANSIÓN

ARQUETIPO: EL FILÓSOFO

SATURNO

Su significado nace del principio de la contracción, cimentado en las responsabilidades y la disciplina. Nos habla de las limitaciones (tanto propias, como ajenas), las reglas, la madurez, el sentido del deber y el autocontrol, así como de los obstáculos a superar, las lecciones de vida, la autoridad, la dignidad, el orden, la ética, los valores, la paciencia, las estructuras sociales, la tradición, la formalidad y el trabajo duro.

ASOCIACIÓN MITOLÓGICA: CRONOS

SIGNO AL QUE RIGE: CAPRICORNIO

SIGNO AL QUE CORRIGE: ACUARIO

SÍMBOLO: ♄

PALABRA CLAVE: LIMITACIÓN

ARQUETIPO: EL PADRE

URANO

Simboliza la fuerza de la iluminación, el ser diferente, la innovación y la originalidad, lo que implica el progreso, la revolución, la rebeldía, los cambios repentinos, bruscos y radicales. La libertad y la apertura mental son su estandarte. Impulsa la tecnología, los inventos, la ciencia, la inteligencia y la independencia, siempre de la mano con un sentido humanitario y altruista. En este planeta nos referimos a lo no convencional, el romper reglas y estructuras.

ASOCIACIÓN MITOLÓGICA: URANO
SIGNO AL QUE RIGE: ACUARIO
SÍMBOLO: ♅
PALABRA CLAVE: CAMBIOS
ARQUETIPO: EL REVOLUCIONARIO

NEPTUNO

La espiritualidad, la trascendencia, el inconsciente colectivo, la inspiración, la intuición, la compasión, el amor universal. Lo oculto ante nuestros ojos, el idealismo, el deseo de ir más allá del mundo material, la fantasía, la imaginación sin límites, el

escape, la evasión y la irrealidad. La creatividad, la sensibilidad, la empatía y el sacrificio por los demás.

ASOCIACIÓN MITOLÓGICA: POSEIDÓN
SIGNO AL QUE RIGE: PISCIS
SÍMBOLO: ♆
PALABRA CLAVE: ESPIRITUALIDAD
ARQUETIPO: EL ILUSIONISTA

PLUTÓN

Es la fuerza de la transformación, la profundidad, la intensidad, la auto-transformación, la regeneración, el poder latente, el control interior y la persuasión, la energía psíquica, el cambio inevitable, la muerte y el renacimiento como un ciclo, purga, renovación, transmutación, secretos, crisis, tabúes, lo prohibido.

ASOCIACIÓN MITOLÓGICA: HADES
SIGNO AL QUE RIGE: ESCORPIO
SÍMBOLO: ♇
PALABRA CLAVE: TRANSFORMACIÓN
ARQUETIPO: EL CHAMÁN

CAPÍTULO 6

CASAS ASTROLÓGICAS

Si las energías de los 12 signos zodiacales responden a la pregunta ¿cómo?, y las de los 10 planetas astrológicos responden al ¿qué?, sirviendo así como representaciones de nuestra personalidad que nos ayudan a entender cómo y qué sentimos, cómo y qué pensamos, cómo y qué nos atrae o enamora, qué nos limita, o qué nos motiva, las 12 casas astrológicas responden a la pregunta ¿dónde?, y nos ayudan a visualizar en cuáles áreas de nuestra vida aplicamos dichas motivaciones, pensamientos y acciones.

Desde la antigüedad, los astrólogos dividieron la vida del ser humano en diferentes entornos o categorías que engloban nuestras actividades cotidianas, emociones, trabajo, ambiciones, esperanzas, sueños y relaciones que resultó en 12 áreas de vida, llamadas casas astrológicas.

Además de representar las actividades en las cuales nos desarrollamos como seres humanos y como sociedad, también están asociadas a los 12 signos zodiacales.

Cada casa tiene un signo que la rige o representa, por lo que conocer la energía y características de cada signo ayuda a comprender mejor las peculiaridades de cada casa astrológica.

Si antes te dije que visualizaras a los signos y planetas como personajes o actores que desempeñan un papel, ahora imagina que las casas son los distintos escenarios en los que las historias se llevan a cabo. Hay una casa para tu vida doméstica, una para tus finanzas, otra para tu carrera, etcétera.

También representan dimensiones de tu mente, de tu consciente e inconsciente, por lo que al revisar cada casa en tu carta natal y qué planetas y signos están en ellas, podemos descubrir qué áreas de tu vida son más importantes para ti, en cuáles tienes más asuntos que trabajar o resolver, en cuáles estás más limitado o en cuáles tienes más potencial para hacer grandes cosas.

CASA	PALABRA CLAVE	SIGNO REGENTE	PLANETA AFÍN	ELEMENTO
1	INDIVIDUALIDAD Y PERSONALIDAD	ARIES	MARTE	FUEGO
2	POSESIONES Y FINANZAS	TAURO	VENUS	TIERRA
3	COMUNICACIÓN	GÉMINIS	MERCURIO	AIRE
4	HOGAR Y FAMILIA	CÁNCER	LUNA	AGUA
5	CREATIVIDAD Y PLACER	LEO	SOL	FUEGO
6	SERVICIO Y BIENESTAR	VIRGO	MERCURIO	TIERRA
7	RELACIONES Y MATRIMONIO	LIBRA	VENUS	AIRE
8	MUERTE Y TRANSFORMACIÓN	ESCORPIO	PLUTÓN Y MARTE	AGUA
9	EXPANSIÓN FÍSICA Y MENTAL	SAGITARIO	JÚPITER	FUEGO
10	CARRERA Y VOCACIÓN	CAPRICORNIO	SATURNO	TIERRA
11	COMUNIDADES	ACUARIO	URANO Y SATURNO	AIRE
12	ESPIRITUALIDAD	PISCIS	NEPTUNO Y JÚPITER	AGUA

El sistema de casas astrológicas se fija comenzando con la posición del ascendente, el cual da inicio a la Casa 1 (siempre está a la izquierda de tu carta natal) y de ahí se cuenta el recorrido de las casas y los signos en el orden natural zodiacal, hacia la derecha, es decir, en el sentido contrario de las manecillas del reloj.

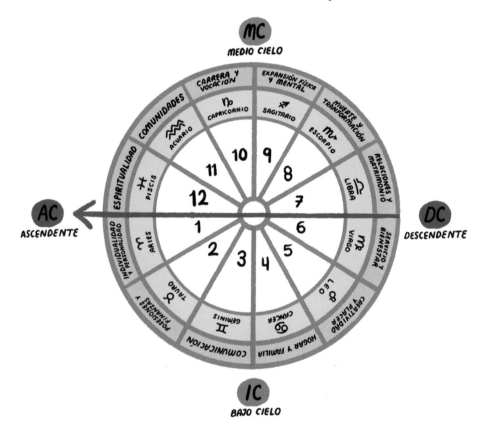

A continuación, te describo un poco más el significado de cada casa astrológica y te señalo más palabras clave asociadas a cada una para que las conozcas mejor:

CASA 1
INDIVIDUALIDAD Y PERSONALIDAD

Motivación psicológica, bienestar. Es la más importante y la más personal, ya que alberga al ascendente. A través de esta casa se mostrará tu personalidad, así como tu actitud y tu temperamento. Simboliza el nacimiento y los nuevos comienzos. Se convierte en el lente a través del cual vemos el mundo. A través de esta casa creamos la imagen de nosotros mismos, consciente o inconsciente: con qué ropa nos vestimos, qué carro manejamos, etcétera. Es lo que quieres en la vida y cómo lo logras. Es la cúspide del ascendente.

CASA 2
POSESIONES Y FINANZAS

Posesiones, dinero, valores. Esta casa representa tu actitud hacia la seguridad material y las posesiones, así como la manera en la que lidias con ellas. Es la casa de tus ingresos y recursos financieros, y cómo los controlas. Los conceptos de valor y costo pertenecen a esta casa. Simboliza tu actitud hacia el dinero y los sentimientos que genera en ti. Indica cómo ganas el dinero y cómo lo gastas. Al hablar de a qué le das valor, también se refiere al valor que te das a ti mismo, es decir, temas de autoestima y merecimiento de lo que tienes.

CASA 3
COMUNICACIÓN

Comunicación y expresión oral y escrita. Tus hermanos, tus primos, tu entorno, la educación básica. Representa tu relación con familiares cercanos que no son tus padres. También tu desempeño escolar y tu poder comunicativo. Es el territorio de la mente, de la percepción y de cómo adquirimos conocimiento y aprendizaje, de la manera en que expresas tus ideas y pensamientos. También rige viajes cortos, intercambios, transacciones comerciales y la relación con los vecinos.

CASA 4
HOGAR Y FAMILIA

Hogar, vida doméstica, tu refugio, tus padres. La concepción del hogar, del entorno familiar y la influencia de los padres en tu vida. Tu lugar seguro para recargar energía y estar contigo mismo. Es tu linaje y tus ancestros. Simboliza el lugar en el que sientes pertenencia y cómo este lugar influye en ti. No sólo se refiere a tu familia de sangre, sino también a esas personas que son tu familia elegida. También puede simbolizar asuntos inmobiliarios y de propiedad de la tierra. Es la cúspide del Bajo Cielo.

CASA 5
CREATIVIDAD Y PLACER

Creatividad, placer, aventuras amorosas, romances. Además de la parte creativa, esta casa es el dominio de los amantes, de las aventuras apasionadas, del placer y de cómo expresas tu instinto afectivo. Simboliza también el juego, el recreo y el esparcimiento, es decir, tus pasatiempos y lo que te divierte y te entretiene. Las actividades en esta casa te dan alegría. Los hijos/niños también están en esta casa porque son vistos como una expresión alegre de tus capacidades creativas como ser humano y como tu legado, también porque se refiere a la conexión con tu niño interior.

CASA 6
SERVICIO Y BIENESTAR

Salud, alimentación, ejercicio, rutinas laborales o cotidianas. Esta casa tiene una influencia importante en nuestra salud y en la manera de sentirnos física, mental y emocionalmente. También afecta qué tan disciplinado y sistemático eres en la vida. Simboliza tus rutinas, tus tareas y lo que haces para mantener tu cuerpo y tu mente en orden. Es la actitud que tienes hacia tu trabajo, cómo sirves y ayudas a los demás y qué sentimientos te genera eso. También tiene que ver con tu relación con compañeros de trabajo y con las mascotas.

CASA 7
RELACIONES Y MATRIMONIO

Relaciones, socios, contratos. No sólo las relaciones sentimentales, sino también tu actitud hacia gente con la que interactúas o colaboras. Afecta tu compromiso, lo que necesitas de los demás, lo que tú aportas a ellos y qué tipo de pareja o socio buscas. Simboliza tu sentido del "otro", a lo que te sientes atraído, y cómo te proyectas en el otro. Es la casa del matrimonio u otras asociaciones de pareja. También es la casa de los enemigos declarados, de la litigación y disputas con ellos. Es la cúspide del descendente.

CASA 8
MUERTE Y TRANSFORMACIÓN

Es la casa de la autoexploración y de tu actitud ante la muerte y lo que hay más allá de ella.
La muerte vista no sólo desde su significado literal, sino como ciclos que se abren y se cierran en tu vida, cambios y nuevos comienzos. En esta casa hallarás varios aspectos oscuros de tu vida, como tu actitud ante las pérdidas o las crisis emocionales que te toca enfrentar, pero también es sobre las renovaciones profundas que esas transformaciones generan en ti al atravesarlas. También es la casa del sexo y la intimidad en tus relaciones y del dinero que llega a ti sin ser trabajado, como herencias, inversiones, créditos y otros recursos compartidos.

CASA 9
EXPANSIÓN FÍSICA Y MENTAL

Viajes largos, ideales, sueños y retos por cumplir. Al ser la casa de la expansión, te invita a viajar físicamente a través de trayectos de larga distancia, es decir, salir al extranjero. Mentalmente, a través de los estudios superiores (universitarios y posgrados), o la educación espiritual como la filosofía o la religión. Simboliza cómo exploras los territorios desconocidos, cómo adquieres experiencia, sabiduría y comprensión sobre el mundo que te rodea a través de las personas y culturas distintas a la tuya que vas conociendo, así como las respuestas a las preguntas que te haces sobre la vida. También es la casa de la ética y de los principios morales con los que vives y qué tanto los cuestionas.

CASA 10
CARRERA Y VOCACIÓN

Tus aspiraciones y ambiciones profesionales y vocacionales. Cómo concibes el éxito, qué te da el sentido de realización y propósito personal. También representa la autoridad (cómo la ejerces y cómo reaccionas ante ella). El estatus social, las tradiciones, el sentido del deber, la responsabilidad y la disciplina. Es la casa donde se cosechan los

frutos y recompensas de tu esfuerzo. Describe tu imagen pública y moldea lo que haces para ganarte la vida, así como tu rol en ella. Simboliza cómo logras el éxito y realizas tu vocación, así como tus habilidades de líder y cómo contribuyes a la sociedad. Es la cúspide del Medio Cielo.

CASA 11
COMUNIDADES

Esta casa es donde hallas tu lugar dentro de una comunidad o un grupo de amigos o redes sociales de todo tipo. Simboliza el papel que desempeñas como miembro de esos grupos. Es cómo obtienes aliados y gente que te apoye. Es la casa de tu vida y conciencia social, así como de los objetivos que no son los de la carrera, sino tus ideales y esperanzas personales y colectivas. También tu actitud hacia el sufrimiento del mundo (altruismo, preocupación por los demás, temas humanitarios). También simboliza los planes y estrategias para cumplir tus deseos a futuro.

CASA 12
ESPIRITUALIDAD

Es la casa más mística, la casa del fin del ciclo zodiacal, la naturaleza de tu inconsciente y de tus asuntos psicológicos que

están escondidos. Simboliza tu actitud ante las decepciones, los accidentes y los problemas. La evasión y escape de la realidad, pero también la espiritualidad, el sacrificio, el amor universal y desinteresado hacia los demás. También representa la capacidad de descubrir el significado de la vida, el sentido de trascendencia y de reconexión con el universo. Es la casa de la fe, la meditación, la introspección y de los enemigos ocultos.

✶ ✶ ✶

Para terminar de comprender la estructura básica de las casas en tu carta natal, te cuento que ésta también se divide en 4 puntos de poder, conocidos como los 4 ángulos del horóscopo. Los 4 puntos de poder son el ascendente, el descendente, el Medio Cielo y el Bajo Cielo o Fondo de Cielo, los cuales se relacionan con las casas 1, 4, 7 y 10 respectivamente:

1. **Ascendente.** Simboliza el nacimiento y nuevos comienzos. Las elecciones que haces en la vida basadas en tus expectativas; tu idea y conciencia de ti mismo y de tu realidad.

2. **Descendente.** Simboliza cómo te proyectas a través de tus relaciones. Lo que necesitas recibir de los otros. Lo que atraes/buscas en tu pareja.

3. **Bajo Cielo o Nadir (Imum Coeli).** Simboliza el hogar, las raíces y la familia. Quién eres cuando estás solo. Tu subconsciente profundo, intimidad y privacidad.

4. **Medio Cielo (Medium Coeli).** Simboliza tu vocación, aspiraciones, ambiciones y logros. Cómo creas cosas que impactan o dejan huella en la sociedad (legado).

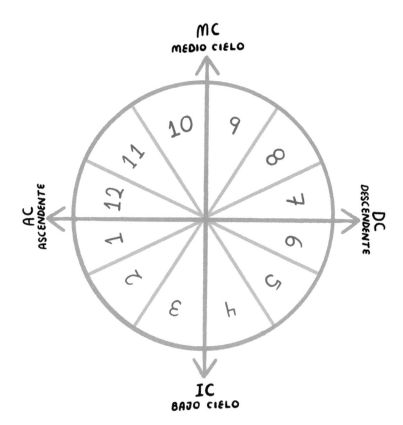

ÚLTIMAS NOTAS PARA FINALIZAR ESTE CAPÍTULO, OJO AQUÍ:

Las casas astrológicas pueden tener cierto parecido en su significado al de los planetas astrológicos; sin embargo, acuérdate de que la energía que brinda un planeta va a tener un comportamiento dentro de nuestro ser, mientras que la casa astrológica tendrá un efecto exterior, pero que se relaciona con nosotros.

Por ejemplo: Mercurio y la Casa 3 hablan ambos de comunicación, pero el signo en el que esté Mercurio indicará cómo te comunicas tú, mientras que la casa 3 indicará cómo **los demás** se comunican contigo o cómo entienden tu manera de comunicarte.

Todas las cartas natales son diferentes, y cada quien tiene diferentes planetas en distintas casas, hay personas que tienen muchos planetas concentrados en pocas casas y otras que los tienen más dispersos a lo largo de muchas de ellas.

El hecho de tener casas vacías en tu carta no es nada malo, simplemente significa que es un área de tu vida en la que tu atención no necesita enfocarse tanto, o que no tienes mucho que trabajar ahí para crecer como persona.

Recuerda que lo que tu carta natal te dirá con la posición de sus planetas, signos y casas será cuáles son las áreas de tu vida que presentan más retos a cumplir,

o qué aspectos hay que trabajar para poder crecer como persona para poder evolucionar y trascender.

Finalmente, hay algunas teorías astrológicas que dicen que tu carta actual es un mapa de tu karma de vidas pasadas, o sea que si tu carta no trae planetas en alguna casa es porque probablemente esa área de tu vida ya la trabajaste en una vida anterior y ya "pasaste la prueba", por lo que ahora en esta vida te toca trabajar en lo otro.

Así que no hay cartas buenas ni malas, conoce, abraza y ama tus energías astrológicas; aprende a sacarles el mejor provecho para crecer como persona y para explotar todos tus potenciales.

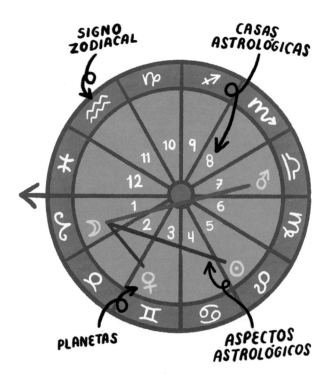

CAPÍTULO 7

LOS ASPECTOS

Los aspectos son la última pieza que necesitas para conocer la estructura básica de tu carta natal. Éstos se refieren a las conexiones energéticas que puede haber entre los diferentes planetas de tu carta. Dichas conexiones o relaciones se basan en la cantidad de grados de separación entre ellos, es decir, forman ángulos (recuerda que el círculo zodiacal tiene 360°), y cada uno de ellos tiene distintos significados que nos ayudan a profundizar un poco más en nuestra personalidad, psique y complejidades personales.

Según los ángulos o grados, los aspectos se categorizan en dos grupos: mayores y menores. Como su nombre lo dice, los mayores son los que tienen más poder e influencia en nuestra carta, son a los que hay que prestarles más atención. En cuanto a su energía, algunos aspectos la tienen más favorable o armoniosa y otros, más tensa o retadora.

En tu carta natal, los aspectos se representan por esas líneas de colores que están en medio del círculo, conectándose entre los planetas. Y, según el color que tengan, indican si son mayores o menores, tensos o armoniosos.

Los aspectos mayores son los siguientes:

CONJUNCIÓN. Es el aspecto más poderoso en astrología. Son planetas muy cercanos y dan una influencia muy poderosa y son un punto focal en la carta natal porque "unen" sus energías, intensificándolas.

GRADOS DE DISTANCIA ENTRE LOS PLANETAS: 0°

SÍMBOLO: ☌

TRINO O TRÍGONO. Es un aspecto armonioso y favorable. Brinda ventajas y hace la vida más fácil, pues la energía fluye sin obstáculos.

GRADOS DE DISTANCIA ENTRE LOS PLANETAS: 120°

SÍMBOLO: △

OPOSICIÓN. No es tan armonioso. Representa discordancia entre energías opuestas, presión o conflictos internos. Hay que verlo como retos de crecimiento y logros personales.

GRADOS DE DISTANCIA ENTRE LOS PLANETAS: 180°

SÍMBOLO: ☍

SEXTIL. Es armonioso y favorable, pero en menor medida que el trígono. Brinda oportunidad, aunque requiere un poco más de esfuerzo de nuestra parte para trabajar por su influencia benéfica.

GRADOS DE DISTANCIA ENTRE LOS PLANETAS: 60°

SÍMBOLO: ✳

CUADRATURA. Su energía es retadora y de fricción y tensión. Pone obstáculos en tu vida para enseñarte lecciones. Generalmente indica áreas donde las personas pueden desarrollar más carácter y fuerza al sobrepasar las dificultades.

GRADOS DE DISTANCIA ENTRE LOS PLANETAS: 90°

SÍMBOLO: ☐

Los aspectos menores son:

QUINCUNCIO. Energía retadora y tensa. La energía entre los planetas no fluye ni se conecta bien.

GRADOS DE DISTANCIA ENTRE LOS PLANETAS: 150°

SÍMBOLO:

SEMICUADRATURA. Similar a la energía de la cuadratura, pero con menos intensidad.

GRADOS DE DISTANCIA ENTRE LOS PLANETAS: 45°

SÍMBOLO:

SESQUICUADRATURA. Similar a la energía de la cuadratura, pero con menos intensidad.

GRADOS DE DISTANCIA ENTRE LOS PLANETAS: 135°

SÍMBOLO:

SEMISEXTIL. Similar a la energía del sextil, pero con menos intensidad.

GRADOS DE DISTANCIA ENTRE LOS PLANETAS: 30°

SÍMBOLO:

CAPÍTULO 8

UNIENDO LAS PIEZAS

Durante todo el tiempo que he estado escribiendo este libro, me he debatido cómo hacerle para que sea una primera guía para las personas que jamás se han adentrado en la astrología sin que les asuste un tema tan amplio, pero al mismo tiempo no les parezca un libro tan básico a las personas que ya saben un poco o que aman este tema.

Creo que lo hemos logrado, ¿o tú qué opinas? A lo largo de los capítulos vimos las definiciones de las energías astrológicas en individual y sé que la pregunta que podrías tener ahora es: Ok, sí, todo super padre, pero ¿cómo conecto todo? ¿Qué hago con esta información? ¿De qué me sirve saber cómo es piscis si yo soy aries? y la respuesta se remonta al centro de este libro: entender tu carta natal.

En ella vas a encontrar la historia o narrativa de tu vida y lo único que tienes que hacer es ir pegando todas las

piezas que te di a lo largo de cada capítulo... a continuación te doy un ejemplo básico de interpretación con mi carta natal (aquí lo que espero es que tengas la tuya a la mano para replicarlo):

Yo en mi carta natal tengo:

- Sol en Aries
- Luna en Libra
- Ascendente en Tauro
- Mercurio en Tauro
- Venus en Piscis
- Marte en Acuario
- Júpiter en Cáncer
- Saturno en Capricornio
- Urano en Capricornio
- Neptuno en Capricornio
- Plutón en Escorpio

¿Cómo supe eso? Revisando los glifos (símbolos) de cada signo y planeta en la carta natal. En cada capítulo de este libro, te los fui poniendo para que los fueras identificando, pero aquí te los dejo nuevamente:

ARIES	♈	SOL	☉
TAURO	♉	LUNA	☾
GÉMINIS	♊	MERCURIO	☿
CÁNCER	♋	VENUS	♀
LEO	♌	MARTE	♂
VIRGO	♍	JÚPITER	♃
LIBRA	♎	SATURNO	♄
ESCORPIO	♏	URANO	♅
SAGITARIO	♐	NEPTUNO	♆
CAPRICORNIO	♑	PLUTÓN	♇
ACUARIO	♒		
PISCIS	♓		

Ahora necesito que hagas lo mismo con tu carta:

Mi nombre es: _____, y mis *placements* astrológicos son los siguientes:

- Sol en _____
- Luna en _____
- Ascendente en _____
- Mercurio en _____
- Venus en _____
- Marte en _____
- Júpiter en _____
- Saturno en _____
- Urano en _____
- Neptuno en _____
- Plutón en _____

Ok, vas muy bien, amix, ¿y ahora qué sigue? **INTER-PRETAR**, que básicamente es traducir las historias que nos quieren contar las estrellas con el conocimiento e información que has adquirido con este libro.

Te doy un ejemplo:

En la página 204 hablamos del Sol y vimos cómo representa nuestra identidad, vitalidad, estructura principal y propósito de vida.

Y yo lo tengo en el signo de Aries. En la página 57, vimos que el arquetipo de Aries es líder, arriesgado, entusiasta, independiente y muy valiente.

Entonces si juntamos esa información, la interpretación del Sol en Aries quedaría algo así:

Quienes tienen el Sol en Aries son personas que expresan su identidad y vitalidad de manera independiente, entusiasta, y cuyo propósito es ser líderes valientes. ¿Te fijas? Tiene que ver con ir armando las "piezas" del rompecabezas.

Pongamos otro ejemplo: yo tengo Venus en Piscis. En la página 206 vimos que Venus es el planeta del amor, la belleza, las relaciones y el romance, y en la página 189 vimos que Piscis es un signo pacífico, sensible y soñador. Entonces, mi *placement* de Venus en Piscis, lo podríamos interpretar así:

• Las personas con Venus en Piscis son personas que expresan el amor en sus relaciones, de manera pacífica y sensible y que son muy soñadoras, por lo que pueden tender a idealizar de más a sus parejas o amistades.

Y no es que esté hablando otro idioma, sólo es entender el ¿QUÉ?, de los planetas, y el ¿CÓMO?, de los signos.

Ah, y en cuanto al signo ascendente, si bien no tiene que ver con un planeta, sino con un punto matemático en tu carta natal, te recuerdo que en el capítulo 3, en la página 45, te expliqué la información necesaria para que lo interpretes también.

¡Ahora vas tú! Interpreta tus *placements* uniendo el planeta con el signo en el que lo tienes (al final del libro te dejé algunas hojas en blanco para que puedas escribir y anotar todo lo que necesites sobre tus interpretaciones).

Una vez que tengas identificadas todas tus energías principales en cuanto a planetas y signos, lo que sigue es ver qué áreas de tu vida impactan o activan más esos *placements*, o ¿cuáles son más relevantes en tu historia?

Y, ¿cómo puedes saber eso? Fácil, con las casas astrológicas que revisamos en el capítulo 6. Son áreas de la vida o arenas donde pasan las cosas, entonces identificar qué planetas están actuando en cada casa nos da un panorama aún más específico para conocernos mejor y saber en dónde hay que trabajar ciertos temas.

Por ejemplo, yo tengo mi Sol en Aries en la casa 12. En la página 222 vimos que la casa 12 nos habla de espiritualidad, amor desinteresado, conexión más directa con el universo, pero también de secretos y evasión al enfrentar problemas: entonces, podríamos interpretar mi Sol en Aries en la casa 12 de la siguiente manera:

Aunque mi Sol en Aries me hace un líder arriesgado, confiable, valiente e independiente, el tenerlo en la casa

12 hace que al mismo tiempo disfrute también mi privacidad y mis espacios de reflexión, sobre todo cuando me siento abrumado o no quiero lidiar con una situación complicada. También hace que mi comprensión espiritual de las cosas sea más fuerte, y que precisamente mi propósito de vida sea ser un líder, pero en temas relacionados con la espiritualidad o cosas místicas (como este libro que estás leyendo, por ejemplo).

¡OMG, QUÉ FUERTE LA ASTROLOGÍA! Lo sé, amix, es tan específica que da miedo, pero definitivamente muy reveladora y hermosa a la vez.

Entonces, así es como la astrología te va construyendo… empezaste este libro sin saber ni de la historia, ni los arquetipos, ni cómo funcionan las energías astrológicas en general, y lo terminas con una pequeña guía de cómo funciona tu carta, dónde tienes posicionadas tus energías y, a grandes rasgos, ¿qué es lo que tienes que trabajar?

Falta incluir la información de los aspectos, puntos matemáticos, asteroides, y muchísimas cosas más que hay en tu carta natal, pero antes de llegar a ello es súper importante el reconocimiento de tu carta en este primer nivel básico, para de ahí poder empezar a trabajar muchas cosas. Recuerda que el conocimiento astrológico se debe disfrutar e ir cocinando a fuego lento y definitivamente en este punto ya tienes muchos ingredientes en tus manos.

Esto es algo que siempre les digo a los alumnos de mis talleres de formación astrológica. Yo también estuve de tu lado, yo también quería devorar todo el conocimiento astrológico rápidamente (típico Aries, jaja), porque una vez que las estrellas entran a tu vida te empiezan a abrir mundos y panoramas que jamás habías visto, considerado o ni siquiera imaginado.

Pero como tu astrólogo de cabecera, mi tarea es que tengas unos cimientos fuertes para que lo que vayas aprendiendo lo puedas ir integrando poco a poco y de la mejor manera.

CAPÍTULO 9

RITUALES PARA ALINEARTE CON LA ENERGÍA DE TU SIGNO ZODIACAL

En este último capítulo te voy a hacer ¡un regalo mágico! Te voy a regalar un ritual que puedes hacer para alinearte mucho más con la energía de tu signo zodiacal, solar, lunar, ascendente ¡o todos los que quieras! Al cabo ahora ya sabes que todos tenemos los 12 signos del zodiaco en nuestra carta natal y que podemos activarlos cuando queramos.

A mí me gusta mucho integrar el toque mágico en la astrología, pues para mí la magia no es sino el utilizar la energía que ya está en el universo a tu favor. Utilizarla por medio de rituales para alcanzar tus metas, para fortalecer la relación contigo mismo, para agudizar tu intuición o, como te comenté, para activar el poder de cada uno de los signos zodiacales en ti.

Creo totalmente que la magia está en todos lados y que puedes practicarla cuando tú quieras. Todos podemos hacer magia. Aunque tú no lo tengas consciente, también has hecho magia y manifestado cosas. Por ejemplo, cuando pides un deseo al soplar la vela de tu cumpleaños, al "tocar madera" para desear buena suerte, al hacer oración, al agradecer por algo bueno que te sucedió, en fin.

Todos ésos son ejemplos de rituales o de portales cotidianos para alinearte con el universo y su energía. Obviamente la astrología y tu carta natal son otro de esos portales que te ayudan a subir a las olas energéticas para que tu magia y capacidad de transformar la realidad sean más potentes.

En los rituales y en la magia existe lo que llamamos "correspondencias", es decir, utilizar colores, elementos de la naturaleza, flores, hierbas, aromas, sabores, números y hasta días de la semana específicos que tienen energías asociadas con aquello en lo que queremos canalizar nuestra energía.

La correspondencia es ligar una cosa micro (aquí en nuestro plano físico) con algo macro (en el plano astral), poniendo nuestras intenciones, ideas, decretos o manifestaciones en esos diferentes elementos que te acabo de mencionar (como es arriba, es abajo).

Así que a continuación te comparto 12 rituales diseñados con correspondencias y elementos específicos para cada signo zodiacal, para que los hagas y te alinees con su energía de una manera más profunda, mágica y espiritual.

Hazlos desde el corazón, a conciencia y con tu mente abierta; verás cómo sentirás el poder de la magia trabajando a tu favor.

¡QUE LOS DISFRUTES!

RITUAL PARA CONECTAR CON LA ENERGÍA DE **ARIES**: *SPELL JAR* DE EMPODERAMIENTO Y ABRE CAMINOS

Conectar con la energía de Aries —signo de fuego cardinal, aventado, impulsivo y confrontador— es conectar con tu guerrero interior, es empoderarte, reconocer tu amor propio, tus capacidades, y decretar valor y valentía para lograr tus metas.

Este ritual consiste en elaborar un amuleto intencionado para transmitirte toda esa energía de amor, valentía y empoderamiento. Este tipo de amuletos son conocidos como "botella de bruja" o *spell jar* y consisten en intencionar mágicamente elementos asociados con el elemento y las características que tú deseas.

Una vez terminado el amuleto, lo puedes colocar en tu habitación, en tu lugar de trabajo o en tu altar o espacio sagrado que tengas en casa por aproximadamente 6 meses (ya que lleva elementos orgánicos que se irán descomponiendo con el tiempo).

NECESITARÁS:

- Albahaca
- Pétalos de clavel rojo, rosas rojas o jamaica
- Clavo
- Naranja
- Tomillo
- Canela

- Sal de grano/himalaya o granos de maíz
- Vela roja: intencionada para empoderamiento. Que sea larga para que puedas tomarla del extremo sin quemarte (si no consigues roja, usa una blanca)
- Incienso, sahumerio o palo santo
- Papel y pluma o lápiz
- Frasco de vidrio pequeño

CRISTALES:

Dependiendo de lo que tú quieras pedir/manifestar, elige uno de los siguientes cristales:

- Citrino: negocios o proyectos
- Cuarzo rosa: amor propio
- Cuarzo blanco: armonía, karma espiritual
- Jaspe rojo: poder, fuerza, coraje

PROCEDIMIENTO:

1. Intenta entrar en un *mood* de relajación/meditación con alguna música de tu preferencia.
2. Enciende tu vela.
3. Prende un incienso, sahumerio o palo santo y muévelo en círculos en tu espacio para limpiar la energía.
4. Utilízalo también para limpiar el interior del frasco con el humo.
5. En tu papel, escribe una intención sobre lo que quieres manifestar con este amuleto, qué obstáculos quieres remover en tu vida, qué necesitas para sentirte empoderado, etcétera. Dobla el papel.
6. Vas a colocar todos los ingredientes, empezando por la base (sal o maíz) y en medio coloca el papel y el cristal.
7. Cúbrelos con el resto de los ingredientes hasta llenar el frasco.
8. Tapa el frasco y séllalo con la cera de la vela que prendiste, sujetándola desde la base para no quemarte y dejando caer la cera sobre la tapa.

EL SECRETO ES QUE TE TOMES EL TIEMPO PARA INTENCIONAR TODOS LOS INGREDIENTES DE TU AMULETO, PONIÉNDOLES TU ENERGÍA, BUENA VIBRA Y FE EN QUE FUNCIONARÁN COMO UN ELEMENTO PARA CANALIZAR TUS DESEOS AL UNIVERSO.

Te recomiendo recitar algunas frases como las siguientes mientras haces tu amuleto:

- "Yo, _____, decreto que todos mis caminos están abiertos y despejados".
- "Mis caminos están libres para mí y son custodiados por mis _____ (ángeles, guías espirituales, ancestros, etcétera)".
- "Manifiesto _____ (éxito, abundancia, prosperidad, amor propio...)"
- Decir afirmaciones positivas que a ti te resuenen, por ejemplo: "Soy digno de amor y perdón", "me amo", "soy importante", "soy valiente", "soy valioso", entre otras.

NOTAS:

Al hacer rituales con el elemento fuego/velas, toma todas las precauciones de seguridad, hazlo en un lugar ventilado y lejos de objetos inflamables; ten a la mano algo con que apagar el fuego en caso de algún accidente.

Lo importante para tu *spell jar* es que todos los ingredientes sean secos y/o deshidratados (la albahaca, tomillo, pétalos, naranja, etcétera, deben estar así para evitar que al estar encerrados en el frasco generen gases y descomposición orgánica).

Utiliza las hierbas secas de los especieros y condimentos, y la fruta deshidratada que también venden en el supermercado. Si no consigues la naranja, puedes sustituir con piña o manzana.

Si no tienes ninguno de los cristales que mencioné o está difícil conseguirlos, recuerda que un cuarzo ahumado/blanco puede reemplazar cualquier cristal en cualquier ritual.

Después de aproximadamente 6 meses o cuando sientas que ya ha cumplido su objetivo, te puedes deshacer del amuleto con otro pequeño ritual de agradecimiento por haber sido tu canalizador de energía esos meses, puedes revisar tu intención para ver qué tanto se cumplió y reflexionar lo que has logrado o avanzado en ese periodo. También lo puedes hacer en alguna luna llena.

Puedes soltar los ingredientes en la naturaleza, por ser materia orgánica, o en alguna composta. El frasco lo puedes lavar y reutilizar para otro ritual.

RITUAL PARA CONECTAR CON LA ENERGÍA DE **TAURO**: ENRAIZAMIENTO Y ABUNDANCIA

Conectar con la energía de Tauro, signo fijo y el más cercano a la madre tierra, es conectar con la abundancia de tu cuerpo, de tus sentimientos y de tu propio entorno. Es mejorar tu sentimiento de merecimiento, sacarte de la mentalidad de la escasez y darte cuenta de que tienes todo lo que necesitas justo ahora, y que el universo es tan abundante que no hay manera de que no logres todo lo que sueñas.

El ritual consiste en sembrar una pequeña planta. El hecho de verla crecer, cuidarla y ser constante con ella te hará sintonizar la energía taurina y te recordará que, así como la planta, también tienes que nutrirte a ti mismo, cuidarte y ser constante para poder crecer.

NECESITARÁS:

- Una planta de tu preferencia, debe estar ya sembrada en el suelo o en una maceta. Busca una que se adapte a tu estilo de vida, que sus necesidades se adapten a tu entorno y que puedas cuidar de ella
- 4 hojas secas de laurel
- Tu diario o un cuaderno específico, que uses para manifestar
- Un lapicero, pluma o marcador de color verde
- Agua
- Incienso, palo santo o sahumerio

CRISTALES:

- El cristal de tu preferencia según lo que desees manifestar:
- Esmeralda: fortaleza de carácter para superar obstáculos
- Peridoto: empuje y motivación para hacer las cosas
- Malaquita: tenacidad y actitud de tomar riesgos y animarse al cambio
- Pirita: sentimientos de merecimiento, abundancia, dinero y amor

PROCEDIMIENTO:

1. Prende el incienso, el palo santo o sahumerio para concentrarte, limpiar el espacio y disponer toda tu energía en este ritual. Si tienes un altar o un lugar especial donde hacerlo, mucho mejor.

2. Ponte en una posición cómoda, concéntrate en tu respiración, cierra los ojos y empieza a imaginar cómo salen raíces de tus pies que te conectan con la madre tierra. Conecta con esta estabilidad, y abre los ojos.

3. Coloca los materiales al frente tuyo. La planta, el agua, el cristal, las hojitas de laurel, etcétera. Piensa en lo que quieres manifestar y escríbelo en tu cuaderno o diario. Puedes ser tan específico como desees, lo importante es que te conectes con esta energía, con tu propia abundancia y capacidades.

4. Resume todas tus metas en 4 palabras clave y escribe cada una en una hoja de laurel. Ahora entiérralas en el suelo de tu planta, así le servirán de abono y podrán transformarse en energía para tus metas.

5. Toma el agua y cuéntale, literalmente, todo por lo que estás agradecido en este momento. Si te sirve, puedes escribirlo antes para tener más claridad. (Si te saca un poco de onda hablarle en voz alta al agua, puedes hacerlo mentalmente.)

6. Ahora, riega tu planta con el agua que acabas de intencionar. Cada que la riegues recuerda todo aquello que te hace sentir afortunado y que agradeces.

7. Por último, entierra el cristal en el suelo de tu planta y déjalo unas cuantas horas (mejor si es por la noche), luego sácalo y ponlo debajo de tu almohada para dormir con toda la energía que acabas de sembrar en tu vida.

NOTAS:

Cada que riegues tu planta será un momento que te regales a ti mismo para agradecer por tu día a día. Cada que quieras volver a conectar con esta energía puedes enterrar tu cristal durante unas horas y ponerlo de nuevo bajo tu almohada.

Si tu planta llega a morir, es importante que veas esto como un proceso de transformación y te preguntes cuáles cosas en tu vida necesitan transformarse.

Si no tienes ninguno de los cristales que mencioné, o está difícil conseguirlos, recuerda que un cuarzo ahumado/blanco puede reemplazar cualquier piedra preciosa en cualquier ritual.

RITUAL PARA CONECTAR CON LA ENERGÍA DE GÉMINIS: LIMPIEZA Y CLARIDAD MENTAL

Conectar con la energía Géminis, signo de aire mutable, volátil, curioso y mental, nos permite conectar con nuestra propia verdad y expresarla al mundo en todo sentido, pero especialmente en cómo hablamos, cómo nos expresamos al mundo y cómo interactuamos con los demás.

Este ritual de limpieza y claridad mental, a través de humos y olores, no sólo es para que conectes con esa energía, sino que también puedas canalizarla de la mejor manera cuando sientas tu comunicación bloqueada o confundida.

Consiste en hacer un "atado" de hierbas para sahumar tus espacios, limpiarlos y de paso limpiar tu mente, y escribir todo lo que no ves con claridad, para llegar a ella. Los olores son territorios del aire, despiertan tu mente y tus pensamientos y te conectan con ellos. Si te queda difícil conseguir las hierbas secas, puedes usar sus aceites esenciales y hacer un spray.

NECESITARÁS:

- Una vela de color azul claro o blanca, si no consigues azul
- Fuego (cerillos)
- Un cuaderno donde escribas cosas personales
- Pluma o lápiz

Para el atado necesitarás 3 ramitas de hierbas secas de:

- Lavanda
- Romero
- Menta/hierbabuena
- Manzanilla
- También una cuerda de fibra natural

Para el spray, puedes conseguir los aceites esenciales de las hierbas que mencioné anteriormente. También necesitarás:

- Un frasquito de spray o atomizador (puede ser de un perfume viejo, por ejemplo)
- Alcohol
- Agua

PROCEDIMIENTO:

1. Prepara tu método de limpieza, ya sea el atado o el spray. Recuerda hacerlo conscientemente, conectando contigo, con calma. Mientras lo preparas, piensa en la claridad que quieres obtener, lo que quieres expresar, o cómo es que quieres expresarlo. Esto intencionará los ingredientes y hará que el ritual sea más efectivo.

PARA EL ATADO:

Junta todas las ramitas y amárralas con la cuerda de fibra natural. Empieza en un extremo, dejando un poco de cuerda suelta, sube hasta el otro extremo enrollando la cuerda, vuelve a bajar y amarra por donde empezaste.

PARA EL SPRAY:

Vierte 3 gotas de cada aceite esencial en tu frasco. Adiciónale un chorrito pequeño de alcohol y un tercio de taza de agua. Mezcla bien y ajusta como te parezca: un poquito más de aceite, de agua o de alcohol hasta llegar al punto ideal.

2. Prende tu atado con los cerillos y haz movimientos circulares en el sentido de las manecillas del reloj con su humo. Recorre tu espacio y sahúmate a ti mismo, empezando por tus pies y subiendo hasta tu cabeza. Recuerda hacerlo en un lugar con ventilación y lejos de los detectores de humo. Si estás usando el spray,

rocíate de pies a cabeza y limpia tu espacio con 3 *splashes*.

3. Siéntate en un lugar cómodo, cierra los ojos y concéntrate en los olores a tu alrededor. Conecta contigo, con lo que sientes, con lo que surge para ti.

4. Prende la vela, y disponte a escribir todo eso que sientes, lo que piensas, lo que no tienes claro o lo que quieres resolver. No hay manera incorrecta de hacer esto, permítete sacarlo todo escribiendo, habla sin pena ni tapujos contigo.

5. Guarda este cuaderno y úsalo para seguir hablando contigo, en el futuro podrás leer lo que escribiste y conectar más fácil con tus ideas, pensamientos y emociones.

NOTA:

Recuerda que cualquier ingrediente de los rituales puede reemplazarse con el romero. Si no consigues las hierbas o los aceites esenciales que menciono, con el romero está bien.

RITUAL PARA CONECTAR
CON LA ENERGÍA DE CÁNCER:
ARROZ CON LECHE PARA EL ALMA

La energía de Cáncer es protectora, confortable, sensible, femenina y cuidadora, y este ritual es perfecto para conectar con todo eso. A través de la comida, de cocinarnos a nosotros mismos, suceden cosas increíbles, podemos integrar el autocuidado y el amor propio de una manera muy directa.

La energía sensible de Cáncer se canaliza a través del agua, de los sentimientos, permitiendo el flujo y la transformación tanto de lo que sentimos como de lo que cocinamos.

Este arroz con leche lo puedes hacer en cualquier momento que te sientas bajo de energía, triste, abrumado con sentimientos complejos, o que quieras soltar el control y permitir el flujo de tus sentimientos para atraer bienestar y seguridad emocional.

NECESITARÁS:

- Una vela blanca
- 2 ½ tazas de leche de coco endulzada (600ml)
- ¾ de taza de arroz (le puedes poner un poco más si lo crees necesario)
- Un chorrito de licor de tu preferencia, te recomiendo ron
- Canela en polvo para decorar y en raja para dar sabor (opcional)
- Piloncillo (el necesario para ajustar el dulzor)
- Unas gotas de esencia de vainilla
- Pasas (opcional)

PROCEDIMIENTO:

1. Prende la vela y enfócate en tu respiración. Conecta con tus sentimientos, piensa en qué cosas quieres dejar ir, qué emociones quieres soltar o cuáles heridas están listas para sanar. Deja la vela prendida durante toda la preparación, en un lugar cercano (que la puedas vigilar) y donde no represente peligro.

2. Vierte la leche y el arroz en una olla mediana a fuego medio-bajo. El coco sirve para la protección y regeneración; el arroz augura prosperidad, atrae los buenos deseos y la buena onda.

3. Pon las rajas de canela para el buen ánimo, buena suerte y salud, y las gotas de esencia de vainilla para el amor profundo.

4. Revuelve en sentido de las manecillas del reloj, atrayendo todos estos sentimientos lindos hacia ti.

5. Deja hervir (tapado) por un rato, y prueba cómo va. Ajusta el dulzor con el piloncillo a tu gusto, y si ves que se está secando demasiado, agrégale otro poquito de leche.

6. Cuando veas que le falta poco para estar listo, agrega el chorrito de licor para purificar y limpiar tus sentimientos. Deja hervir por un poco más y apágalo cuando esté listo. Es importante que lo pruebes las veces que sean necesarias, para que quede justo como te gusta.

7. Apaga la vela y sirve tu arroz con leche en tu recipiente favorito, adiciona las pasas o toppings que prefieras.

Las pasas sirven para soltar el control de las emociones y permiten el flujo energético.

8. Ahora puedes comer el arroz con leche que has hecho para tu corazón, recibirlo con todo el amor del mundo y sentir cómo tu cuerpo y alma están conectados a través de la comida.

NOTA:

Puedes hacer tu receta familiar de arroz con leche o modificar los ingredientes como más te guste. La receta presentada aquí es una receta colombiana sugerida por una amix muy especial para Astrología Millennial y se nos hizo muy buena para ser compartida con todo el mundo.

RITUAL PARA CONECTAR CON LA ENERGÍA DE LEO: LA VELA DE LA AUTOCONEXIÓN

Leo es un signo de fuego fijo: constante, tranquilo y, por eso, es más cálido. Conectar con la energía de Leo implica conectar con tus fortalezas, dones y debilidades, y no temerle a abrir tu corazón al mundo, compartir tu energía y expresarte en tu totalidad. Esto hace que brilles con luz propia y seas el centro del universo e irradies ese brillo a los demás.

Esta vela de la autoconexión te llenará de confianza, y ayudará a integrar tu autoexpresión con tu corazón, con el fuego interno que te hace sentir a gusto con quien eres y te permite expresarte de forma creativa.

NECESITARÁS:

- Una vela de color amarillo (o blanca si no consigues amarilla)
- Un plato que te guste, para poner todos los ingredientes
- 5 flores de manzanilla
- 5 flores de caléndula
- Romero
- 1 citrino
- Cáscaras limpias de naranja. Puedes lavarlas y dejarlas secar con la luz del sol, esto les dará aún más energía
- Aceite de almendras
- Jengibre en polvo
- Dos hojas de papel y un lapicero para escribir

NOTAS:

Al hacer rituales con el elemento fuego/velas, toma todas las precauciones de seguridad, hazlo en un lugar ventilado y lejos de objetos inflamables, y ten a la mano algo con que apagar el fuego en caso de algún accidente.

Puedes integrar a tu receta las flores que más te gusten y ambientar el lugar con música relajante. Este ritual puede activar el movimiento en ti, entonces si sientes que quieres bailar, hazlo al momento de cerrar para que tu creatividad siga fluyendo.

PROCEDIMIENTO:

1. Toma la vela y úntala con dos o tres gotas de aceite de almendras. Cuida que no sea demasiado, el aceite se esparce bastante.
2. Toma el jengibre en polvo y rocíalo sobre la vela ya aceitada. El aceite ayudará a que se pegue el polvo en la vela.
3. Asegura la vela sobre el plato (si es demasiado delgada, puedes prenderla y escurrir algo de cera en el plato y pegarla con ella o ayudarte con un poco de plastilina).
4. Ahora, pon las flores, el romero, el citrino y las cáscaras de naranja alrededor de la vela, decorándola como más te guste.
5. Prende la vela, conéctate con tu respiración y pasa

unos segundos sintiendo el calor del fuego. Empieza a conectar contigo y tus emociones. Piensa que de tus pies salen raíces que te conectan con la tierra, y lleva la atención a la boca del estómago (donde está el chakra del plexo solar) por unos segundos.

6. Abre los ojos y escribe en una hoja todas tus fortalezas, todo lo que te guste de ti, todo lo que haces desde el amor. ¿Quién eres cuando estás en tu mejor versión?

7. Ahora, en el otro papel, escribe todas tus inseguridades. Escribe tus bloqueos, tus miedos, lo que le ocultas al mundo. ¿Quién eres cuando tus miedos toman el control?

8. Toma el segundo papel (el de tus miedos) y quémalos con el fuego de la vela, diciendo en voz alta lo siguiente:

   * "Yo, _____, dejo ir todo lo que me bloquea, todo lo que me impide ser quien realmente soy. Hoy me veo con amor y honestidad, desde mi centro, conectando con mi luz propia".

   Visualiza cómo tus miedos abandonan tu cuerpo, tu mente, tu corazón. Reconoce que no eres tus miedos, que el miedo sólo es una oportunidad de conocerte mejor.

9. Guarda la primera hoja (la de tu mejor versión) en un lugar seguro, al que puedas volver cada que necesites reconectar contigo.

10. Cierra el ritual como mejor lo sientas. Puedes poner tus canciones favoritas para cantar y bailar o simplemente regalarte tiempo para hacer algo que disfrutes hasta que la vela se apague.

NOTAS:

El citrino ahora estará cargado con tu energía, puedes ponerlo debajo de tu almohada para mantener tu conexión o llevarlo contigo en un collar o pulsera (es importante que esté en contacto con tu piel).

También puedes hacer meditaciones con el cristal en tus manos para reconectar con tu energía.

RITUAL PARA CONECTAR CON LA ENERGÍA DE **VIRGO**: LIMPIEZA MÁGICA

Virgo es el signo del orden, la practicidad y las rutinas, pero también se asocia con el trabajo, el servicio y el sacrificio. Su energía de tierra mutable es analítica y muy práctica, y por eso nos ayuda a conectar con el presente, nos ayuda a tener consciencia de lo que hacemos y así ritualizar nuestras acciones diarias.

Algo muy importante que nos enseña virgo es que ¡cualquier cosa puede ser un ritual! Por eso tus acciones más cotidianas como hacerte el desayuno, lavarte el pelo o ir a tu lugar de estudio o trabajo retoman su poder y potencial cuando las conectas con tu propia energía e intenciones.

Por ello, para este ritual te traigo una actividad muy tradicional, que seguro has hecho más de una vez: vas a barrer tu casa (o cuarto, como lo prefieras), pero de una manera más consciente y espiritual, para canalizar tu energía y claridad mental. Verás cómo hasta barrer se vuelve un ritual cuando conectas con tus virtudes.

NECESITARÁS:

- Una escoba. Si tiene el mango de madera mucho mejor, pero cualquiera está bien
- 5 ramas de romero
- Cinta o una cuerda
- 5 hojas de menta (pueden ser naturales de la planta o en bolsita de té normal)
- Manzanilla (puede ser la planta o en bolsita de té normal)
- Agua
- Tu endulzante favorito
- Incienso de aromas relajantes y purificantes como cítricos, sándalo o lavanda

PROCEDIMIENTO:

1. Primero, prepara tu escoba. Límpiala un poco (NO uses agua), quítale suciedad que tenga atorada con cuidado.

2. Ahora, prepara tu bebida calentando un poco de agua. Cuando esté hirviendo, agrega la menta y la manzanilla. Deja que se cocinen un poco. Sirve y endulza como prefieras.

3. Siéntate un rato a disfrutar de tu bebida. Concéntrate en tu respiración, conecta con tu cuerpo y tus sentimientos.

4. Piensa ahora en esas cosas a las que les vendría bien un poco de orden, pueden ser situaciones, sentimientos o pensamientos. Lleva tu atención a lo que sea que necesitas limpiar, ajustar y reorganizar para que tu energía fluya mejor.

5. Ahora manos a la obra: toma las ramas de romero y pégalas con la cinta o la cuerda a tu escoba. Lo ideal es que quede a ras de las cerdas de la escoba para que puedas barrer con ellas, pero está bien si sólo están colocadas ahí.

6. Empieza a barrer tu casa o cuarto de atrás hacia adelante. Empieza por el lugar más lejano de la puerta principal, ve sacando el polvo y la energía estancada hacia afuera (evita regresarte, siempre de atrás hacia la puerta principal).

7. Bota la basura que recogiste en una bolsa (o recipiente) aparte.

8. Ahora es momento de ir por el incienso. Préndelo y haz el mismo recorrido que hiciste para barrer, mueve el incienso en contra de las manecillas del reloj y puedes decir en voz alta (o pensar) todo lo que quieres que se vaya, que se limpie, que se organice.

9. Cuando llegues a la puerta principal, para un momento y agradécete por limpiar tu energía. Cierra el ritual con este sentimiento.

10. Ahora puedes volver a tu lugar seguro y escribir lo que sentiste, lo que sientes ahora o cómo tus pensamientos se han transformado. Estás hablando contigo mismo, que no te dé miedo escribirlo todo sin filtros.

NOTA:

Recuerda que todos los rituales los puedes moldear a tus necesidades y gustos. Si quieres ambientar más tu casa, si tienes algún aroma específico que te guste o si quieres prender tus velas, está perfecto. Si tienes algún té que te guste especialmente, también puedes usar ése.

RITUAL PARA CONECTAR CON LA ENERGÍA DE **LIBRA**: BALANCEANDO MIS RELACIONES

Libra es el signo de las relaciones, los compromisos con las otras personas, el balance y la armonía. Su energía es tranquila, pacifista y romántica. Como su planeta regente es Venus, Libra posee todos los atributos de belleza, encanto, romance y ternura, pero se le suma el hecho de que es también un signo de aire, o sea, todo esto se enfoca en conectar con los demás.

Esta tendencia de conectar o querer complacer siempre a los otros hace que puedan olvidarse de sí mismos, dejarse pasar por encima o silenciar sus necesidades, opiniones y límites. Es curioso que justo el signo del balance y el equilibrio llegue a tener relaciones tan desequilibradas, pero es que realmente ¡el balance estático no existe! Existen olas, tensiones, momentos de apretar y momentos de soltar el control, y así se construyen las relaciones.

No te desesperes si no encuentras el "balance" estático que pareciera perfecto. Mejor piensa en cuáles dinámicas te funcionan y cuáles no. Por eso hoy te traigo un ritual del balance que se trata sólo de escribir, sentir y comunicar. Como signo de aire, ¡ésos son los dones de Libra!

NECESITARÁS:

- Cuarzo rosado
- Tu diario o un cuaderno que te guste
- Una vela blanca
- Incienso de vainilla
- Pétalos de rosa
- Un plumón o algo con lo que escribir
- Implementos que te gusten para ambientar o decorar tu espacio
- Un plato o recipiente para poner la vela
- Tu *playlist* favorita de música que te haga fluir ideas y pensamientos

PROCEDIMIENTO:

1. Empieza el ritual preparando tu espacio (puede ser tu cuarto o un lugar en el que puedas relajarte y te sientas cómodo). Pon la vela en el plato y en un lugar seguro.

2. Coloca los pétalos de rosa alrededor de la vela, el cuarzo al frente tuyo y decora el lugar como más te guste. Recuerda que Libra es el signo de la armonía y lo estético, todo lo que haga tiene que verse bello.

3. Prende el incienso de vainilla y cierra los ojos. Conecta con tu respiración, con tu aquí y ahora.

4. Cuando estés listo, abre los ojos. Responde en tu diario las siguientes peguntas, no te limites, permítete hablar contigo:

   • ¿Cómo te hacen sentir las relaciones que llevas en este momento? ¿Te hacen sentir cómodo, seguro, escuchado y apreciado o todo lo contrario?

   • ¿En cuáles momentos sueles silenciarte a ti mismo para beneficiar a otros? ¿Cómo te hace sentir esto?

   • ¿Cómo se ve para ti una relación balanceada, en donde te sientas bien y puedas relacionarte desde todo tu poder?

   • ¿Qué es lo que quieres en temas del amor? ¿Qué es lo que sientes que mereces y por qué?

5. Permítete observar tus respuestas, seguir escribiendo todo lo que surja y llevando tu autoconversación por donde necesites.

6. Ahora, coloca el cuarzo rosa encima de tu cuaderno. Deja que se cargue con lo que has escrito durante toda la noche. Si tienes la posibilidad de dejarlo a la luz de la luna, cerca de una ventana, mucho mejor.

7. Después de esto, tu cuarzo estará cargado con la claridad mental y emocional que plasmaste en tu cuaderno. Llévalo contigo o medita con él en las manos cada que necesites recuperar el balance en tus relaciones. Recuerda que lo mejor es que tu cuarzo rosa (y realmente cualquier cristal) toque tu piel cuando lo lleves contigo, esto hará que su energía fluya más y conecte mejor con tu energía.

RITUAL PARA CONECTAR CON LA ENERGÍA DE ESCORPIO: TRABAJO DE SOMBRA

Conectar con la energía de Escorpio es conectar con las profundidades, la oscuridad, las transformaciones y todos esos sentimientos fuertes que solemos ocultar y evitar para no lidiar con ellos. Al ser un signo de agua fijo, su energía es estable y asentada, pero puede volverse inflexible o terca... Esto suele ser uno de los más grandes desafíos para este signo, porque pueden retener sus emociones y no permitirles fluir.

Por eso, este ritual es para lograr aceptar tus sentimientos, tu "oscuridad" y permitirte fluir entre el ir y venir de tus emociones es algo que irás aprendiendo a medida que el tiempo pase. Le llamamos "oscuridad" a todas esas emociones que aún no han recibido suficiente atención y suelen hacernos actuar inconscientemente; por eso todas las envidias, miedos y heridas suelen ser parte de esta sombra.

Aceptar la sombra es un tema importante para cualquier persona, de cualquier signo, pero la energía de Escorpio te da una profundidad especial para conectar con ella y poder llevarle toda la luz que tienes, toda tu atención y amor propio.

Es importante que recuerdes ser honesto contigo mismo y escribas todo lo que sientas y pienses sin filtros, la única persona que va a leer esto eres tú, no le temas a la intensidad de lo que sientes.

NECESITARÁS:

- Cuarzo blanco o ahumado
- Una vela negra
- Un objeto puntiagudo (pluma, picadientes, aguja metálica, etcétera)
- Un plato o recipiente donde quepa la vela
- Algunas ramas de ruda
- Algunas hojas de albahaca
- Un cuaderno u hojas sueltas para escribir
- Incienso o aceite esencial de pino
- Palo santo

PROCEDIMIENTO:

1. Primero vas a ordenar tu espacio. Asegúrate de estar en un lugar cómodo y seguro, sin distracciones. Prende tu incienso o difusor con el aceite esencial y, si quieres, puedes poner musiquita que te ayude a concentrar y relajarte.

2. Toma la vela negra con tus manos (las velas de color negro nos ayudan a bloquear y deshacernos de energías negativas y malas vibras, pues absorben todo eso). Mientras la sostienes empieza a imaginar algún suceso o emoción negativa que estés experimentando en ese momento, algo que quieras soltar o que sientas que no te está dejando fluir.

3. Una vez que identifiques ese sentimiento o situación, trata de sintetizarlo en una o dos palabras y usa el objeto puntiagudo para escribirlas en la vela.

4. Pon la vela dentro del plato en un lugar seguro y coloca las ramas de ruda y las hojas de albahaca alrededor, decorándola.

5. Prende la vela y enciende el palo santo con su fuego. Pásalo por todo tu espacio, también por tu cuerpo o cabeza. Deja que su humo te cubra y siente su olor.

6. Ahora siéntate cerca de la vela, o en donde estés cómodo.

7. Piensa sobre esas emociones o situaciones negativas que quieres eliminar y visualiza cómo van desapareciendo a medida que la vela se consume.

8. Si quieres complementar el ejercicio con algo de escritura, toma tu cuaderno y responde las siguientes preguntas. Estos son dos ejemplos, pero tú puedes formular las preguntas que a ti te nazcan:
   - ¿Cuándo sientes que se activan tus inseguridades o esas emociones negativas? ¿Por qué es esto?
   - ¿En cuáles situaciones sientes que tus miedos, inseguridades, heridas o emociones negativas te limitan y te impiden fluir?
9. Cuando termines, quema el papel en la vela y puedes repetir la siguiente frase mientras se consume: "Yo, _____, soy consciente de mis miedos/heridas/inseguridades y entiendo que no soy ellos. Acepto lo que me duele y me permito sentirlo, pero hoy tomo el control sobre mis acciones".
10. Siente cómo recuperas tu fuerza, cómo puedes contar contigo para dejar ir todo lo que te estanca. Cierra el ritual escribiendo lo que agradeces de ti y permitiéndote sentir el nuevo espacio que has creado en tu corazón al dejar mover tus miedos e inseguridades.
11. Coloca los restos de la vela consumida, papel quemado y hierbas en una bolsa o contenedor, puedes botarlos sin problema en la basura.

RITUAL PARA CONECTAR
CON LA ENERGÍA DE **SAGITARIO**:
AMULETO DE LA BUENA SUERTE

Sagitario es el signo inquieto por excelencia, su energía inspira a mantenernos en movimiento, a salir de nuestra zona de confort y a no tener miedo a los cambios. Su fuego mutable siempre está en búsqueda de nuevos panoramas y experiencias.

Este signo está regido por Júpiter, el planeta de la buena fortuna y de la abundancia, por ello Sagitario es un signo de buena suerte e implica que siempre hallará la luz al final de cualquier túnel por el que atraviese.

Este ritual permitirá conectar con esa energía de fortuna, protección y abundancia, creando tu propio amuleto mágico para la buena suerte.

NECESITARÁS:

- Un pedazo de tela color naranja, amarilla o dorada de forma cuadrada (unos 10-15 cm por lado)
- Una pluma o plumón
- 1 rama de canela
- 1 hoja de laurel
- 1 vaina de vainilla
- Aceite esencial de romero
- 1 citrino pequeño
- 1 pirita pequeña
- 1 moneda pequeña (dorada o de cobre)
- 1 cordón
- 1 vela color naranja, amarilla o blanca

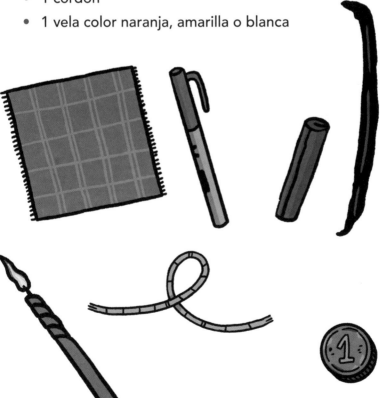

PROCEDIMIENTO:

1. Enciende tu vela y con su llama prende la punta de la rama de canela. Utiliza el humo de la canela para concentrarte, limpiar el espacio y disponer toda tu energía en este ritual. Si tienes un altar o un lugar especial donde hacerlo, mucho mejor.

2. Extiende el pedazo de tela frente a ti.

3. Toma la hoja de laurel y en uno de sus lados escribe tu nombre. En el otro lado, dibuja un símbolo de buena suerte como un trébol de 4 hojas o una herradura.

4. Toma la hoja de laurel en tus manos, sopla tu aliento sobre ella, sin que se vuele y dile: "Dame toda la buena suerte y protección en todo lo que emprenda". Ponla en el centro del pedazo de tela.

5. Repite lo mismo de soplar tu aliento y decir la frase con los demás elementos: el pedazo de vainilla, el citrino, la pirita y la moneda. Colócalos uno a uno en el centro del pedazo de tela.

6. Toma el aceite de romero y deja caer 2 o 3 gotas sobre los objetos.

7. Dobla cada esquina de la tela para crear una bolsita que contenga todos los elementos dentro y amárrala con el cordón, dándole 7 vueltas y haciendo 7 nudos para amarrarlo.

8. Dale una pasada a la bolsa con el humo de la rama de canela para terminar de cargarla energéticamente y apaga tu vela. ¡Listo! Lleva tu bolsa de la suerte en

tu bolsa de mano, en el bolsillo de tu pantalón, en tu automóvil, cuando salgas de viaje, cuando vayas a una entrevista laboral, o a donde lo necesites.

9. Si con el paso del tiempo sientes que necesitas volver a cargarla energéticamente, vuelve a pasar un poco de humo de una rama de canela por ella y vuelve a poner 2 o 3 gotas de aceite de romero en la tela.

RITUAL PARA CONECTAR CON LA ENERGÍA DE **CAPRICORNIO**: MATERIALIZANDO MI ÉXITO

Conectar con la energía de Capricornio nos lleva a conectar con su energía de tierra cardinal, que tiene la capacidad de materializar todo lo que se propone porque es ambicioso, responsable y disciplinado. Ésa es su magia: inspirar a los demás a hallar los recursos y la determinación necesarios para alcanzar sus objetivos. Debajo de su fachada dura y pragmática tienen mucha creatividad, lealtad y buenos sentimientos.

El ritual consiste en literalmente materializar algo físico con tus manos, utilizando arcilla, cerámica, plastilina o elementos afines. Ésta es una de las prácticas creativas, artísticas y mágicas más ancestrales en la historia de la humanidad.

Trabajar con arcilla requiere no sólo la parte creativa, sino paciencia, tiempo, atención al detalle, seguir pasos específicos, destreza mental y manual, y cierta devoción a tu creación. Al aplicar todo eso, este ritual te permitirá aterrizarte en el aquí y el ahora, bajar un poco el ritmo y enfocarte en un proyecto pequeño, pero realizable.

El toque mágico se lo darás al intencionarlo, mientras lo estás creando, es decir, al canalizar toda tu energía, vas a moldear/crear un objeto que simbolice tus nuevas intenciones, metas o proyectos, o algo que te sirva para hacer manifestaciones enfocadas en lograr esas metas.

Por nombrarte algunos ejemplos, puedes moldear algún elemento para tu altar o espacio sagrado, como un porta incienso, un porta velas, un plato o *bowl* para poner hierbas, cristales o quemar papeles en tus rituales; también puedes moldear algún amuleto con alguna figura importante para ti, como estrellas, círculos, medias lunas, etcétera, que al secarse los puedas portar en algún collar o brazalete; o también puedes moldear la figura de alguna deidad, guía espiritual o animal de poder que tengas o con el que te identifiques para conectar con él más fácilmente.

¡La decisión es tuya! Aquí el objetivo es que sientas el poder de crear algo tangible, que le imprimas tu magia e intenciones y que lo tengas cerca o lo utilices cada vez que quieras manifestar o pedir algo al universo.

NECESITARÁS:

- Arcilla o pasta para moldear. Aquí sí que hay mucha diversidad de marcas y tipos en el mercado, hay arcillas que se hornean, otras que se secan más rápido que otras al aire libre, hay diferentes colores, en fin... busca alguna tienda de arte o manualidades que tengas cerca y consigue la que más te vibre.
- Ya dependiendo de la arcilla que hayas conseguido, sigue las instrucciones que incluya, pues hay unas que te pedirán agregarles agua, mezclarlas con otro material, etcétera.
- De manera opcional, puedes conseguir estiques, que son las herramientas de madera, plástico o metal que se usan para moldear arcilla con más detalle.
- También puedes conseguir pinturas para pintar tu objeto después de crearlo.
- Agua, toallas y lo que necesites para limpiar lo que se vaya ensuciando.
- Incienso, palo santo o sahumerio.
- Tu *playlist* de música que te ponga en modo *good vibes only*.
- Una vela café, gris, o blanca.

PROCEDIMIENTO:

1. Prende el incienso, el palo santo o sahumerio para concentrarte, limpiar el espacio con el humo y disponer toda tu energía en este ritual. Si tienes un altar o un lugar especial donde hacerlo, mucho mejor.

2. Enciende tu vela y pon tu playlist. Haz una breve meditación o visualización sobre lo que quieres intencionar en tu objeto o la utilidad mágica/manifestadora que le darás. Agradécele a tu cuerpo que te está permitiendo crear algo con tus manos y tu imaginación.

3. Comienza a crear tu objeto, como te comenté, la arcilla que hayas conseguido tendrá sus propias instrucciones, así que síguelas y no te limites, deja fluir toda tu creatividad y durante todo el proceso asegúrate de estar mandándole a tu objeto toda tu energía, buena vibra, magia y poder personal.

4. Una vez que esté terminada tu creación, utilízala cada vez que quieras manifestar éxito y abundancia en tu vida, ponla en tu altar o espacio especial de tu casa, o a un lado de tu cama, o si hiciste algún accesorio para tu cuello o manos, pórtalo cuando quieras sentirte exitoso. Recuerda que tienes el poder de materializar lo que desees en tu vida.

RITUAL PARA CONECTAR CON LA ENERGÍA DE **ACUARIO**: RELAX MENTAL Y CONEXIÓN CON MI YO FUTURO

Acuario es el último de los signos de aire, por lo que se asocia con la mente, las ideas, la inteligencia y los pensamientos. Se le considera un signo visionario porque su mente siempre está adelantada y pensando en lo que puede suceder en el futuro.

Pero al ser un signo fijo, sus ideas y pensamientos pueden ser muy firmes e inflexibles, haciendo que sea casi imposible que cambie de opinión. Todo esto puede llegar a ser muy desgastante y estresante para este signo que constantemente está cuestionando todo.

Por ello, este ritual hará que bajes el ritmo mental, apagues un poco esas revoluciones en tu cabeza y le des un *break* a todo ese agotamiento. Una mente descansada es una mente clara, abierta ¡y lista para crear cosas nuevas! ¿Y cómo lograremos eso? Con un masaje en tu linda cabecita.

Los masajes de cabeza no sólo te ayudan a liberar tensiones en tu cráneo y cuello, sino que tienen otros beneficios como mejorar el sueño, aumentar tus niveles de serotonina, estimular la circulación sanguínea dando más oxígeno y nutrientes a tu cerebro, remover células muertas, y hasta puede fortalecer tu cabello.

Y en un nivel más espiritual, este tipo de masajes ayuda a tener un momento dedicado a ti mismo, para hacer meditaciones pequeñas, o ejercicios de respiración que te ayuden a enfocarte. Son un pequeño acto de *self-care.*

¿Sabías que hay tradiciones como la Ayurveda, un sistema de medicina alternativa de la India que tiene miles de años practicando este tipo de masajes porque tiene la creencia de que nuestra mente y cuerpo están interconectados e influyen directamente uno en el otro? Así, un buen masaje en la cabeza te ayuda a mejorar no sólo la parte física de tu cuerpo, sino también tu bienestar mental y emocional.

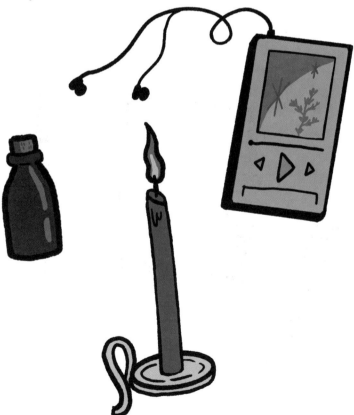

NECESITARÁS:

- Una vela de color violeta (o blanca si no consigues violeta)
- Incienso, sahumerio o palo santo
- Aceite para darte el masaje. En el mercado hay diversos productos ya diseñados para esto, te recomiendo buscar los que sean de coco, almendra, argán u oliva. También a veces hay algunos que combinan ingredientes, por ejemplo, aceite de almendras con lavanda, o con aloe vera, en fin, elige el que a ti te vibre más
- Pluma o lápiz
- Cuaderno/hojas de papel
- Una playlist de música que te relaje

PROCEDIMIENTO:

1. Prende tu vela y con la llama enciende tu incienso, sahumerio o palo santo y limpia tu espacio con su humo.
2. Pon tu música y comienza a relajarte. Puedes hacerlo sentado o acostado.
3. Coloca unas gotas de aceite en tus dedos y comienza a darte el masaje. Puedes usar la punta de tus dedos y comenzar a hacer pequeños movimientos circulares, cuidando de no enredar los dedos con tu cabello para que no se hagan nudos.
4. Empieza desde tu frente y ve moviendo los dedos hacia atrás y hacia los lados de tu cabeza hasta llegar al cuello. Aplica presión firme y constante mientras haces los movimientos circulares y regresa otra vez del cuello hasta tu frente. Repítelo las veces que creas necesario.
5. Por último, te propongo que, mientras estás dándote el masaje, hagas una pequeña meditación. Acuario es el signo del futuro porque su mente puede visualizar diferentes escenarios y situaciones que pueden suceder. Para conectar con esa energía, en tu meditación imagínate a ti mismo en un futuro cercano, puede ser una versión tuya dentro de unos 3 o 5 años. Visualiza en dónde vive, dónde trabaja, con quién interactúa, cómo se siente con su vida, con sus actividades y las personas que lo rodean, y permítete sentir tú también todo eso. Hazle una pregunta

o pídele algún consejo, y escucha el mensaje que tiene para ti.

6. Si quieres, puedes escribir en tu cuaderno lo que hayas experimentado después de tu meditación, o el consejo que te haya dado tu "yo del futuro".

7. Finalmente, puedes darte un baño después de este ritual, ¡te sentirás como nuevo!

RITUAL PARA CONECTAR CON LA ENERGÍA DE PISCIS: DESBLOQUEO DE TU INTUICIÓN Y CONEXIÓN CON TU MAGIA

Piscis rige la magia, la manifestación, la empatía, el arte y la espiritualidad, en general. Su energía de agua mutable es una energía de bondad, de compasión, y permite la conexión entre el plano físico o material en el que vivimos y el plano astral o espiritual.

Conectar con la energía de Piscis permite acercarte a tu intuición, a tu lado mágico y psíquico, para aprender a escuchar los mensajes que tu subconsciente trae a ti desde dentro.

Este ritual consiste en preparar un té con ingredientes que ayudarán a desbloquear tu lado intuitivo y espiritual, y posteriormente hacer una breve meditación o ejercicio de respiración.

NECESITARÁS:

- Al menos una de las siguientes flores o hierbas, o combinarlas: lavanda, pasiflora o valeriana (felicidad, amor, paz, relajación y proyección astral). Tienen propiedades sedantes e hipnóticas que te ayudarán a calmar nervios, ansiedad y relajarte para tu meditación
- Leche de tu preferencia, te recomiendo de avena o coco (purificación y protección)
- Miel (endulzar pensamientos y energía positiva)
- Una vela color azul celeste o blanca
- Un incienso, palo santo o sahumerio
- Algún cristal asociado con Piscis (aguamarina, cuarzo ahumado, labradorita, fluorita, turquesa). Si no tienes ninguno, un cuarzo blanco puede servir para sustituir
- Un vasito con agua

PROCEDIMIENTO:

1. Prepara el té de lavanda, pasiflora y/o valeriana, leche y miel una media hora antes de la meditación.

2. Bébelo lentamente, visualizando que todos tus bloqueos y obstáculos energéticos y espirituales se van, y que tu imaginación e intuición regresan a ti en cada sorbo que das.

3. Antes de iniciar tu meditación, ponte cómodo, busca un espacio y tiempo donde no tengas distracciones. Puedes poner una playlist de música que te relaje, enciende la vela (representa al elemento fuego) y ponla frente a ti, enciende el incienso, palo santo o sahumerio y limpia el espacio con el humo (representa al elemento aire) y también ponlo frente a ti.

4. Pon junto a la vela y sahumerio el vaso con agua y el cristal (representan el elemento agua y tierra). Así ya tienes los 4 elementos representados frente a ti para ayudarte a canalizar tu energía.

5. Comienza a hacer una breve meditación de 10 o 15 minutos. No necesitas tener experiencia meditando, sólo cierra tus ojos, concéntrate en tu respiración, pídele al universo o a tus guías espirituales que te ayuden a conectar con tu intuición y tu subconsciente y trata de viajar mentalmente a algún lugar en el que te sientas relajado, puede ser una playa, un campo de flores, un bosque, el lecho de un río, en fin.

6. Intenta mantenerte en ese lugar y poner atención a las señales o mensajes que veas o escuches, o a las

personas o animales que aparezcan. Si tienes alguna pregunta específica, hazla y pon atención por si obtienes una respuesta.

7. Cuando te sientas listo para terminar, regresa lentamente a tu aquí y ahora, abre tus ojos, agradece y apaga la vela.

8. De manera opcional, puedes tener a tu lado una libreta, por si quieres escribir o dibujar algún mensaje que hayas recibido en tu meditación.

NOTA:

De preferencia trata de conseguir las hierbas naturales para hacer tu té, pero si no lo consigues, puedes usar bolsitas de té de cualquier supermercado.

DESPEDIDA. NOS VEMOS EN LAS ESTRELLAS

¡Respira, amix! Ya llegaste hasta el final del libro y yo sé que tal vez todavía tienes muchas preguntas y está bien, porque justo así es la astrología, siempre nos invita a seguir profundizando y querer entendernos cada vez más.

Este libro es como los cimientos de toda la casa que vas a construir de ahora en adelante (como ya me dedico a ser astrólogo de tiempo completo, para lo único que me sirvió mi título de arquitecto es para dar analogías de este tipo, jaja).

Lo que busco que te lleves de este libro es el hilo conductor de ¿qué es la astrología?, ¿para qué sirve?, ¿qué es la carta natal y cuál es su estructura principal? Y con eso ya tienes las bases para entrar a este maravilloso mundo, pasaste de no saber nada a tener una muy buena idea de cómo se conecta todo.

Hoy en día en que todos buscamos una identificación, algo que nos haga diferentes al "perfil de al lado", la

astrología se ha vuelto una moneda de cambio social en la cual, me empiezo a ver reflejado, entendido y aceptado, porque a través de conocerme, identifico ¿quién soy? Y ¿para dónde voy?

¿Recuerdas que al inicio de este libro te dije mi frase: "La astrología es tan fácil y divertida o tan compleja e interesante, como cada uno de nosotros queramos"? Pues esta frase también aplica para cuando ya estás estudiando astrología.

Específicamente, el tema de la carta natal a mí me gusta dividirlo en distintas capas de interpretación:

La primera capa es la que interpretas en el primer reconocimiento de tu carta, o sea, ver tus 10 planetas, 12 casas y cuáles de los 12 signos son los que están más presentes en la carta. Esta primera capa la tienes al haber terminado este libro.

También es importante aventarse sin miedo a ¡interpretar, interpretar, interpretar! Recuerda que la práctica, hace al maestro. O sea, es saberte de memoria donde está cada cosa y sus energías básicas, te lo dejo de tarea.

Por ejemplo, yo tengo: Sol en Aries, Luna en Libra, ascendente en Tauro, Mercurio en Tauro, Venus en Piscis, Marte en Acuario, Saturno en Capricornio, Júpiter en Cáncer, Urano en Capricornio, Neptuno en Capricornio y Plutón en Escorpio. Te prometo que los escribí de memoria, aunque no me estés viendo, jajaja, ¿cuáles son los tuyos, amix? Apréndetelos.

Luego está lo que yo llamo la segunda capa de interpretación, es cuando comienzas a estudiar y entender otros elementos más allá de la estructura básica, como asteroides, puntos matemáticos, revolución solar, retorno de Saturno, entre otros. Es volver a ver tu carta, pero con otra perspectiva y profundidad.

Siempre les digo a mis alumnos ¿de qué te sirve estar hablando de tu herida más profunda que no sana (un asteroide llamado Quirón, que se encuentra en tu carta natal), si no sabes en dónde tienes tu Mercurio?, refiriéndome a que, paso a paso, la carta se va abriendo frente a ti. No aceleres el proceso, pero tampoco lo abandones. Es hermoso, te lo prometo.

Y después de eso, hay más y más, la astrología no acaba, siempre hay puntos nuevos, teorías y descubrimientos nuevos, diferentes visiones y enfoques sobre los mismos elementos, en fin… Lo que me parece más importante resaltar es que, si bien tu carta siempre es la misma y te acompaña, la vida y tú van cambiando con el tiempo.

Yo no soy el mismo que cuando tenía 18 años, cuando lo que más me importaba era jugar Nintendo; ni el mismo que cuando tenía 25 y estaba terminando mi carrera de arquitecto y entraba al mundo laboral; ni el mismo que hoy escribe este libro orgullosamente a los 32 años y siendo astrólogo *full time*.

Mi carta natal sigue siendo la misma, pero ciertas áreas o energías de ella se van activando o profundi-

zando según las diferentes circunstancias y momentos de mi vida, y hay que aprender a trabajarlos cuando se presenten. Revisitar la carta es lo que siempre me vuelve a dar guía de si las decisiones que estoy tomando van alineadas a lo que debo trabajar.

Algo importante que me gustaría recordar es algo que siempre me gusta aclarar: la astrología indica, pero no dicta o condena. Es decir, tenemos que usarla como una guía para ayudarnos a mejorar, no para estancarnos. La idea es, como en los memes, buscar el "sí, soy", para reconocerme, pero luego gracias a ello darme cuenta: ¿qué sí soy y qué no quiero ser?, o ¿qué dice mi carta natal que debería ser y hoy no me atrevo a intentar?

Bueno, entonces, recapitulando: tu carta natal tiene muchísimas respuestas y nos cuenta diferentes historias, que se van entrelazando y activando en niveles de profundidad y según lo que tengas que trabajar en un momento específico. Y con toda la información que te compartí en este libro, ya estás listo para dar el primer acercamiento a tu carta y conocer tus energías básicas.

Y te preguntarás, ¿ahora qué sigue?:

- Aprender a profundidad cómo son los 12 signos, sus arquetipos, energías, simbologías y maneras de identificarlos e integrarlos en tu persona y en tus relaciones.

- Entender de qué nos hablan los 10 planetas para explorar y saber ¿qué pasa en el amor?, ¿dónde tengo la pasión?, ¿cómo es mi manera de comunicarme con

los demás?, ¿cómo son mis sentimientos?, ¿por qué a veces soy muy emocional?, ¿qué se me va a facilitar en la vida? y ¿qué vine a aprender o trabajar en ella? Entre muchas preguntas más.

- Descubrir las 12 Casas para saber cuáles son las áreas de la vida en las que tienes que trabajar más las energías de tu carta.

- Revisitar a profundidad y con entendimiento tu Carta Natal para tomarla como manual de instrucciones que te dice paso a paso cómo conectar contigo mismo.

Una vez que haces y conectas con lo que tu Carta Natal te pide, la **MAGIA SUCEDE.**

Por esta ocasión me despido, espero haberte podido sembrar la semillita astral y que te acompañe en el despertar de descubrir todo lo que la astrología tiene para ti. Si te gustó este libro, házmelo saber en cualquiera de mis redes sociales @astrologiamillennial o en mi cuenta personal @estebanmadrigall. Dime si te gustaría una segunda parte de este libro, que ahí estaré atento a tus comentarios. Y espero verte en alguno de mis talleres de astrología para que te conviertas en un alumno más de mi formación astrológica y poderte enseñar todo lo que tu carta natal tiene para ti y gracias, gracias, gracias, por permitirme ser tu astrólogo de cabecera.

Todos mis talleres y servicios los encuentras en www.astrologiamillennial.com

AGRADECIMIENTOS

Amix, yo estoy viviendo la fantasía de mi primer libro, así que decidí escribir estas líneas, porque nunca hay que dejar de ser agradecidos.

Desde mi Sol en Aries, le agradezco al Esteban del pasado (típico Aries ponerse primero) por decidir a pesar de todos los miedos, hablar de un tema que tanto le apasiona y dejar que el mensaje sea más fuerte que cualquier otra cosa.

Desde mi Luna en Libra, le agradezco a mi esposo Javier Gómez, que es mi mejor amigo, mi socio, pero sobre todo ¡el amor de mi vida! Sin tu compañía, amor y tolerancia con cada una de mis ocurrencias e ideas, hoy no estaríamos cumpliendo este sueño juntos.

Desde mi Ascendente en Tauro, agradezco al equipo de Astrología Millennial, los que estuvieron desde el principio, los que sólo pasaron un momento y los que actualmente continúan, gracias por confiar en este sueño y ayudarme a llevar la astrología hasta donde haya alguien que lo quiera escuchar. En especial a Gibran Manzo, quien como espejo energético me ha ayudado a reflejarme y crecer en este camino.

Desde mi Marte en Acuario, agradezco a mi Comunidad Casa 11, gracias por ser parte de mi historia, gracias por el acompañamiento, por la contención, por las risas y el aprendizaje mutuo y sobre todo por ser ¡¡¡la mejor comunidad astrológica del internet!!!

Desde mi Venus en Piscis, agradezco a todoooooo el mundo que se ha tomado un rato de su tiempo y de su vida para escucharme o verme hablar de astrología, mis amixes en mis diferentes redes sociales, los besties de mi cuenta personal, mis ex alumnas y alumnos que han pasado por mi salón de clases, en la cual me permitieron el honor de poder llamarme su maestro de astrología, mis consultantes que han abierto su corazón y sus historias para poderles enseñar desde mi astrología, las narrativas que cuentan sus cartas natales.

Y desde mi luna negra en Escorpio agradezco a María José Madrigal por su colaboración y aporte mágico en el tema de los Rituales.

Gracias, gracias, gracias, a todos y al Universo por permitirme vivir de lo que me apasiona y poder seguir contando las historias que cuentan las estrellas.

ESTEBAN MADRIGAL

P.D. NO OLVIDES LEER TU HORÓSCOPO, AMIX

AMIXES, AQUÍ LES DEJO ESTAS PÁGINAS EN BLANCO PARA QUE LAS PUEDAN USAR COMO UNA ESPECIE DE #LIBRETAASTRAL PARA QUE ANOTES TODO LO QUE VAYAS DESCUBRIENDO SOBRE TU CARTA NATAL.

Encontrando tu historia en las estrellas Astrología Millennial de Esteban Madrigal
se terminó de imprimir en febrero de 2023
en los talleres de
Impresora Tauro, S.A. de C.V.
Av. Año de Juárez 343, col. Granjas San Antonio,
Ciudad de México